JN327221

アメリカ企業には就業規則がない

グローバル人事「違い」のマネジメント

鈴木雅一 著
ピー・エム・ピー 株式会社 監修

国書刊行会

はじめに

　最近よくグローバル人材という言葉を耳にする。

　今後の日本の繁栄のためには、グローバルな市場に積極的に乗り出す必要がある。グローバル人材とは、国内以上に競争の厳しいグローバルな市場で、海千山千の外国人たちと対等あるいはそれ以上に戦うことのできる人材を言っているようだ。

　しかし、ビジネスの多くは会社対会社の組織戦であり、グローバルな市場で勝利を収めるためには、社内の外国人社員と協働したり、あるいはマネージャーとして彼らを引っ張り、組織力で外国企業と戦い勝利を収めることが必要となっている。グローバル人材とは、一個人としてばかりでなく、組織のリーダーとしても、グローバルな世界で十分通用する人材でなくてはならない。これを支えるのがグローバル人事である。

　グローバル人事を成功させる秘訣は、"違い"のマネジメントにある。自分と相手が違うことを受け入れることが大事である。グローバルに活躍できる人は相手との違いを楽しむことができる。

　本書では、海外の人事労務と日本型の人事労務との違いをあげることからはじめた。また、この"違い"の原因の一つとして、諸外国の労働法とくらべると、日本の労働基準法をはじめとする労働法各法がかなりユニークなものであることがあげられる。まず、労務管理における日本の"常識"が、海外では"非常識"となってしまう事例をとりあげ、違うという認識を持つことがグローバル人事の出発点であることを説いていく。

　"違い"を受け入れた後は、その違いをどうコントロールするのかというステージに移る。従来の日本型の人事労務管理のやり方を修正することを余儀なくされる場面もあろう。その時は、弾力的に修正することが必要となる。会社としてこの点だけは修正してはならない、守り抜かなければならないことも、改めて発見することもあるだろう。その時は、それを守り抜かなければならな

い。その場合は相手にも会社が、それをどれだけ大切に思い、守り抜く決意であるかを、十分に説明し理解を得なければならない。

　日本人は常に相手を理解しようとする。誇るべき美徳である。しかしながら、一方で日本人は、自分の事を説明し、自分を相手に正しく理解させる事は苦手なようだ。

　外国人社員と一緒に働く日本人の失敗の多くは"言い過ぎ"にはなく、"言い足りなさ"にある。「わざわざこんな事までは言う必要はないだろう」とか「こんな事は言わなくても分かっているはずだ」という日本人の思い込みが失敗に繋がっている。

　日本企業の海外拠点では、駐在員事務所程度の規模から、販売会社へ、さらには製造販売会社へと組織を拡大させている。こういった変化に伴い、各拠点では一層多くの現地の社員を雇い入れるようになってきている。

　また、日本本社でも外国人社員を雇い入れるようになってきている。今、外国人社員に対する人事労務で求められるのは聞く以上に話す姿勢である。阿吽の呼吸にたよってはならない。当たり前だと思っていることも、まず口に出してみよう。

　労務管理でいえば、「社員の皆さんは会社にとってもっとも大事な資産である」と言ってみよう。「最も大事な資産なので、皆さんをどの会社よりも大事にします」と約束してみよう。グローバル人事の成功にはそんな一言がきっかけとなるはずである。

　一方で、グローバル人事を担う日本企業の人事部を振り返ってみると、何十年も何一つ進歩していないように思える。もともと人事部には海外人事という担当部署があった。本来であれば海外人事が海外進出の状況にあわせて、グローバル人事を進化させなければならなかったはずである。しかしながら、グローバル人事の観点から見れば、海外人事の問題意識は過去30年何も変わっていない。私が30年前、初めて海外人事を担当した際、先輩諸氏から引き継いだ人事の課題は、最近私が会った大手商社の海外人事の担当者の持つグローバル人事の課題とほとんど同じものだった。原因は経営者の姿勢にある。

　経営者は日本人から海外に駐在する日本人社員の現地での生活設営の支援を、海外人事にとって最も大事な仕事だと考えていたように思う。海外拠点の

外国人社員の労務管理は現場任せで割り切っていたのではないか。関心を持っていなかった。

　日本本社から海外に派遣される日本人社員と同じレベルの関心を外国人社員には抱かなかった。経営者の関心が薄い仕事を熱心に取り組む社員はいないだろう。ところが、経営者は今になって突然グローバル人材、グローバル人事と騒ぎ出した。人事部はこれに十分に対応しきれていない。昨年（2012年）、熱心に外国人社員を採用した会社が、あまりにも違う日本人社員と外国人社員の労務管理の難しさに根を上げ、今年の外国人社員の採用を減らそうという動きがあった。これでは、安心して働こうという優秀な外国人社員を採用することなどできない。

　海外拠点では、あいもかわらず、せっかく雇った現地の優秀な社員が短期間で退職してしまうことに悩んでいるし、日本人のマネージャーが部下の外国人社員を的確に指導育成することや、彼らが納得する人事評価を実施することが難しいと頭を抱えている。「もう二度と日本企業に勤めるのはゴメンだ」と言う外国人社員も少なくないという。

　本書では、日本企業で日本人社員が外国人社員と協働するための人事労務のあり方とは何か、という点を問題意識の核としている。日本企業に対して国内、国外で外国人を雇い入れる際の留意点を、具体的な事例を挙げながら解説する。グローバル人事読本として、海外人事を担当する人事部ばかりでなく、実際にこれから海外駐在される人や将来は海外で仕事をしたい人、また、新しく外国人社員を迎え入れることとなった人々を念頭に置いた。そういった方々の労務管理に少しでもお役にたてれば幸いである。

　ダーウィンではないが、生き残ることのできるのは、最も強い種でも、最も賢い種でもなく、変化に対応できる種である。今こそ、日本の人事労務のあり方を見つめなおし、日本人社員も外国人社員も一緒に頑張れる職場づくりを実行に移していかなければならない。

　最後に、出版に際して、多大のご支援と温かい叱咤激励を頂いたリンクグローバルソリューション（前インテックジャパン）の現社長の勝呂彰氏、前社長の可兒鈴一郎氏、国書刊行会社長の佐藤今朝夫氏、編集者の永原秀信氏に心よりお礼申し上げる。また、私の率いるグローバル人事のコンサルティング会社

PMPのコンサルタント諸氏の協力なしには本書は生まれなかった。ここに改めてお礼を言いたい。

　また、本書で紹介したいくつかの事例は、プライバシーの保護や関係企業との秘密保持の約束を勘案して、若干の修正を加えていることをお断りする。とはいえ、グローバル人事の問題点を洗い出す上では何の支障もないはずだ。

　　2013年8月

鈴木雅一

目 次

はじめに ——————————————————— 3
第1章 日本とアメリカの雇用契約の違い ——————— 9
第2章 採用、給与、人事考課に見る日本と欧米の違い ——— 16
第3章 セクシャル・ハラスメント ————————— 31
第4章 ダイバシティ・マネジメントの考察 ——————— 36
第5章 海外で優秀な人材を確保する方法 ———————— 48
第6章 外国人と日本人の労働意識 ————————— 60
第7章 英語は国際ビジネスの公用語 ————————— 80
第8章 グローバル人材の育成と活用 ————————— 85
第9章 日本人の海外駐在者と単身赴任者 ——————— 102
第10章 中国の労働法 ——————————————— 118
第11章 中国の労務管理 —————————————— 132
第12章 国際人事管理 ——————————————— 144
第13章 ゼネラリストとスペシャリスト ———————— 156
第14章 日本と海外の違いの大きな原因は労働基準法にある — 168
第15章 グローバル人事について —————————— 181
第16章 雇用契約書の内容 ————————————— 197
終 章 グローバルカンパニーへの道 ————————— 204

第1章
日本とアメリカの雇用契約の違い

アメリカには就業規則がない？

　私が初めて海外勤務の発令を受けたのは、まだ二十代後半の頃だった。ちょうど、赴任先の会社と合弁で海外に新会社が設立され、本社から10名以上の日本人スタッフが駐在することになった。

　また、合弁の相手先である赴任先企業からもほぼ同数のスタッフが参加し、これに新たに、秘書、受付などのローカルのアシスタントクラスのスタッフを5名ほど雇い入れて、会社はスタートした。赴任先での私の役割は、本社で一貫して人事・総務といった管理系の仕事をしていたため、人事・総務・経理全般をアシスタントマネージャーという肩書きを付与され担当することになった。

　赴任前、上司である本社総務部長から「若いうちの海外駐在はチャンスでもある。是非頑張ってほしい」と励まされ、続けて「新しい会社の設立なので、君の赴任先の最初の大きな仕事は就業規則の策定になる」と言われた。

　また、「会社は赴任先の会社との合弁、当然ローカルスタッフも多く入社してくる。日本人とローカルスタッフ間の公平性にも十分配慮をして、立派な就業規則を作ってほしい」と命じられた。

　事前準備として、赴任前に日本で就業規則の作成について書かれた書籍を数冊購入して目を通した。これらから得られるノウハウをもとにして就業規則の原案を作り、次に赴任先の合弁の相手先企業の就業規則を入手し、取り入れるべき点は取り入れ、さらに最新の赴任先の労働法や労働慣行、労働事情を反映させようと考えた。結果として完成される就業規則は、必ずや日本人スタッフにも赴任先スタッフにも受け入れられ、公平かつオープンな人事労務管理を実現する足がかりになるに違いないと考えた。

ところが、着任後、就業規則の情報を収集しようと努力したものの、どんなに一生懸命探しても赴任先では就業規則なるものが見つからなかった。

困り果て、現地での合弁先企業の人事に照会したところ、就業規則などは聞いたことはないという回答。そんなはずはないので、就業規則とは労働条件について定めたもので、会社の始業時刻や終業時刻、休日などについて記載したりするものだ、というおおまかな説明を行ったところ、「社員ハンドブックだな」と言われ、電話帳のイエローページのように分厚いファイルが送られてきた。

私が想像していた就業規則は、給与規程など人事関連の付随規程までを含めたとしても電話帳のように分厚いものではない。まず目次を見ると、確かにオフィスアワーとして始業・終業時刻や休日などの記載があった。

社員ハンドブックVS就業規則

この「社員ハンドブック」には、その会社の社員に共通に適用される労働条件を詳細に解説したものだが、同時に、それぞれの福利厚生を利用する場合の注意点や申込方法までが記載されたり、給与についても、給与体系や人事考課、給与改定の仕組みなどについても踏み込んで詳細に説明している。

確かに、このイエローページのような分厚い社員ハンドブックには、会社の人事労務の仕組みがすべて網羅されており、新入社員もこれ1冊あれば、人事関連の諸手続きに戸惑うことはない。その意味ではとても便利なものである。我々が文字通り理解する"ハンドブック"そのものなのだ。したがって就業規則では通常書き込まないような、運用手順までも詳しく書いてある。

また、ハンドブックには労働時間や休日ばかりでなく、有給休暇、傷病の際の休業、労災時の補償などなど、社員が就労する際の労働条件についての記載が含まれているため、外見上は就業規則に酷似している。また、実際の運用に際しては、会社も社員もハンドブックに記載された内容を遵守するため、労務管理上の実際の効力は就業規則にきわめて近いものといえる。

しかしながら、このハンドブックは日本でいうところの就業規則とは異な

るのである。私も、当時赴任先の合弁の相手先企業から送られてきたハンドブックの最初のページに、「このハンドブックで説明する事項については、契約とはみなされず、会社がいつでもその内容を変更できる」と明記してあるのを読み、頭の中が混乱した記憶がある。

　日本の常識からいえば、就業規則は労働条件という雇用契約の重要なものが網羅されており、その内容を変更する時は、労働基準法では一定の手続きが必要で、会社が任意に変更できるものではない。その点で論ずれば、会社がいつでもその内容を変更することができるハンドブックは就業規則ではない。その内容は、契約ではないと言い切っているハンドブックは就業規則ではない。

　それでは就業規則はいったいどこにいってしまったのだろうか。

　そもそも就業規則など始めから存在しなかったのである。そのようなものを作成することが会社の義務として法で定められ、また、網羅すべき内容も法で規定され、制定・変更に当たっても法で定める一定手続きを要するという日本の"常識"が赴任先では通用しなかったのである。日本では人事労務管理を考える際に、もっとも重要である「就業規則」は、赴任先にはなかったのである。

日本の雇用契約

　日本では、雇用は民法で規定される契約概念のひとつであるとしている。民法では雇用を「雇用は、当事者の一方が相手方に対して労働に従事することを約し、相手方がこれに対してその報酬を与えることを約することによって、その効力を生ずる」（民法623条）と定義しており、雇用も売買契約や賃貸借契約と同様の契約のひとつに分類している。雇用も契約であるため、契約自由の原則が成立する。すなわち、契約当事者は、独立かつ自由な法的人格者として、それぞれの意思に基づき自由に契約を締結するものと規定している。

　日本で雇用契約の元で働いている労働者人口は約5千万人、その7割にあたる3千5百万人が正社員である。正社員を法的に定義すれば「期間の定め

のない雇用＝いわゆる"無期雇用"」となる。

　改めて難しい議論をするまでもなく、学校を卒業して、就職活動の後、社会人として会社勤めをするほとんどの人は、正社員として会社に採用される。プロ野球選手のように毎年会社と翌年の年俸を交渉した上で、あらたに雇用契約を更新するわけでもなく、大きなトラブルなどなければ定年の60歳（最近では65歳までの会社も珍しくない）まで勤め上げる。この正社員の雇用を無期雇用という。

> **閑話休題**　定年という制限があるのだから無期ではなく、有期雇用ではないか？と異議を唱える方もおられるかもしれない。民法では、強制労働を回避する目的で、有期雇用にあっては長期の契約期間を制限するという原則があり、有期雇用における最長の雇用期間は5年としている（民法626条）。その観点からいえば、定年という制限はあるものの、新卒で入社して60歳または65歳まで働くという雇用契約は有期ではなく、無期雇用として考えられるのである。

　民法の議論に戻れば、「当事者が雇用の期間を定めなかったときは、各当事者は、いつでも解約の申入れをすることができる」（民法627条）とある。契約の考え方によれば、有期雇用という雇用期間の定めのある場合、契約当事者同士で、この契約期間を遵守する義務があるが、無期雇用にあっては、雇用期間の終期が決められていないので、契約の当事者は一方の当事者に対していつでも雇用契約の解除を申し入れることができると考える。つまりは、正社員であれば、会社はいつでも自由に解雇できるというのが民法の定めであるということになる。

労働者は弱いという日本の常識

　日本では、「労働者は会社よりは弱い立場にある」という現実的な認識のもとで、労働者を保護する各種労働法が制定されている。

　労働法の中核を占める労働基準法は、民法における契約関係を幅広い分野

にわたって労働者保護の観点から修正を行うとともに、この法律の実効性を確保するために、行政的監督機能を付加している。

具体的には労働基準監督官に会社に対する立ち入り調査等の監督権限を付与している。さらに労働基準法は刑法の要素も盛り込まれ、労働基準法違反に対する刑罰もあわせて規定されている。

ちなみに労働基準法違反でもっとも重い罰則は懲役10年、罰金300万円である。他の労働法を見ても、労働者の就労環境の安全面や健康管理に関する会社の責任について定めた労働安全衛生法や、派遣労働者の権利について定めた労働者派遣法、職業安定法、男女雇用機会均等法、最近制定された労働契約法などの労働法各法も同様の、労働者は会社にくらべると弱い立場にあるので、これを守るという認識から出発して制定されている。

判例も、「日本では会社がいつでも自由に労働者を解雇することなどはできない」という立場をとる。解雇するには、それぞれの会社の就業規則において、解雇に関する定めが必要とされ、その上で、実際に解雇するには、その社員を解雇しなければならないという相当に高度な理由が必要とされると同時に、就業規則等に従った解雇手続きも厳格に踏まなければならないとされる。

海外の人事専門家の多くは、日本の解雇ルールは分かりにくいという。これは、個別の人事労務管理の中核となる労働基準法では、解雇に際しては、「少なくとも30日以上」という解雇予告、あるいは相当する解雇予告手当の支払いの定めしかない（労働基準法第20条）。この労働基準法第20条からは"30日分"を払えば解雇できるようにも思えるが、実際はそうではない。平成19年に制定された労働契約法では、「解雇は、客観的に合理的な理由を欠き、社会通念上相当であると認められない場合は、その権利を濫用したものとして、無効とする」（同法第10条）という、従来の判例で蓄積された原理原則を抽象的に述べたものにすぎない。日本の解雇ルールのわかりにくさは労働法のあいまいさが原因である。

「いったいどのような準備をすれば、会社は社員を解雇することができるのか？」という素朴な疑問には、明確な解答を与えていない。日本で解雇の

妥当性を事前に検証するには、結局、過去のそれぞれの解雇をめぐる裁判例や判例という個別の労務案件をそれぞれチェックした上で、自社の事例について細かく比較検討しなければならない。

しかし、過去の裁判例や判例の多くは会社が負けているという事実がある。結局は、とりあえずは解雇してみる。その後で、裁判という司法の場で決着をつけるしか明確な回答はでないことになる。

随意雇用・解雇（Employment at will、エンプロイメント・アット・ウィル）について

解雇問題に関して日本と好対照に位置づけられるのがアメリカである。随意雇用・解雇（Employment at will）とは、会社も社員も、雇用契約の当事者は、いずれかの自由意志で、理由のあるなしにかかわらず、雇用関係を解消できるということを意味する。

ハリウッド映画で悪役の社長が、ある日突然主役であるその会社の社員を社長室に呼び出し、「君は今日でクビだ！」と言い渡す場面があるが、それがあながち絵空事ではないのが、このEmployment at willの考え方なのである。前述した、「日本の民法では解雇も自由にできる」と考えられるということとくらべてみると、実はアメリカのEmployment at willは、日本の民法の原則と同じものであるということが分かる。

アメリカでは雇用契約にあっても、契約概念の基本である、契約当事者間の対等原則に立ったうえで、それぞれの自由な意思に基づき契約を締結するとともに、一方の当事者が他の当事者にいつでも契約の解消を伝えることができるということを守り続けているのである。

ヨーロッパ諸国の事例は若干事情が異なるようである。概して言えば、アメリカほど解雇は簡単ではないといえる。しかしながら、Employment at willの根底にある解雇自由については、原則としては受け入れているようにみえる。

その上で、能力不足などを原因とする解雇と、リストラなどの場合の解雇を分けて会社のとるべき対応方法を規程したり、勤続年数に応じて解雇予告期間を設定することで、結果として解雇における金銭解決策に導く工夫をし

たりしている。いずれにしろ、日本よりは解雇ルールが明確に設定され、会社の持つ解雇自由の原則に一定の配慮をしているようだ。

　アメリカの事例に戻れば、Employment at willとはいえ、公序良俗に反する差別的な理由による解雇は不当であるとされている。加えて、近年、雇用関係における特殊性、すなわち、交渉力や経済力の実質的な格差から、会社にくらべて社員が弱い立場にあるということを考慮して解雇を論ずる判例も見られるようになってきた。

　この傾向は、日本人には理解しやすいものであろう。だからと言って、今後アメリカも日本と同じような状況になっていくなどと考えてはいけない。

　たとえば、最近の最高裁判所の判例にも「使用者が被用者を解雇する自由を不当に制限すべきでないということが重要である」というような発言が見られるように、アメリカの解雇自由という常識は、日本とはやはり大きく異なるものだということがいえる。

第2章
採用、給与、人事考課に見る日本と欧米の違い

採用のタブー

　アメリカにおける採用実務を検討する時に、まず第一に注意しなければならないのは公民権法第7編の包括的な差別禁止法である。機会均等委員会（Equal Employment Opportunity Committee、イコール・エンプロイメント・オポチュニティ・コミッティ）、いわゆる"EEOC"が設立され、包括的な人種、皮膚の色、性、出身国もしくは宗教を理由とする雇用上の差別を禁止されている。人種、皮膚の色、出身国などと聞くと、いかにもアメリカだなという感想を抱かれると思う。日本人にはそれほど身近な問題とは思わない方もおられるだろうが、その方々も含めて全てが納得のいく差別禁止項目である。加えて1967年に制定施行された年齢差別禁止法により、年齢に関する雇用上の差別的取り扱いも禁止されることになった。

　採用実務を考えれば、これら人種、皮膚の色、性、出身国、宗教、年齢に関する直接的、また、間接的な質問はNGとなると覚えておけばよい。間接的質問とは、人種、皮膚の色、性、出身国、宗教、年齢に関する直接的な質問ではないものの、面接者の質問に対する応募者の答え方で、人種、皮膚の色、性、出身国、宗教、年齢に関する事項が関係するような質問のことだ。

　たとえば、「日本語のできる方」という求人条件がこれにあたる。日系企業で、現地スタッフの採用に際して、「日本語力」を条件とすることは、予定している職務自体に日本語能力が必ず求められる場合を例外として、通常は差別的取り扱いとみなされる。日系企業であっても、アメリカにおける大抵の業務は日本語能力なしでも十分にやっていけるはずで、そのようなポストにまで日本語力を要求することは、出身国の差別につながるという考え方である。

さて、ここで間接的質問すべてを例示列挙することはできないので、海外人事実務上の簡便法をあげておく。面接に際しては「専門性、過去の職歴、技能などの採用予定の職務に関する質問にまず絞り込むこと」である。
　実は、これがもっとも安全だ。万一、候補者に対して、わが社との相性であるとか、人柄などについての質問までを行いたい場合は、「わが社では人種、皮膚の色、性、出身国、宗教、年齢に関するいっさいの差別的取り扱いは禁止されており、今回の面接でもこれを遵守しています。しかしながら、あなたが、私の質問に対して間接的にでも人種、皮膚の色、性、出身国、宗教、年齢に関係すると思われた場合は、その旨おっしゃっていただき、私の質問に回答しなくても構いません。また、それを理由に不利益的な取り扱いはしません」という予防線をはっておくことをお勧めしている。アメリカは名だたる訴訟大国である。できればリスクは避けて通るのが賢明といえる。
　また、アメリカでは、人種差別の問題などこれまでの歴史が今も続いている、という現実に対する認識を前提に、各企業に対して現実の社会に残っている差別的取り扱いを解消するための積極的是正措置（Affirmative Action、アファーマティブ・アクション）を求めている。典型的な事例は、一定の地区におけるマイノリティといわれる少数民族の人口比を基に、その地域の企業における社員の構成比に対する是正措置である。先日、有名なアメリカ企業本社で活躍中のある女性幹部社員と会った際に、「実は私は女性で、加えて日本人だということで、今の会社に入るにはかなり有利だったんです。面接の時、有力なライバルの候補者は超有名なアイビーリーグのMBAホルダーで、職歴も申し分なかったが、アングロサクソンのしかも男性だったということを後から知りました。得しましたね」とあっけらかんと話をされた。
　どこまで真実であるかは、その会社の採用担当者でないと分からないが、ジョークとして単純に片付けることはできない。これがアメリカである。

日本の採用のタブー

　日本でも、人事部からリクルーターとして面接などを依頼された方々の多くは、面接に際しては、「業務に必要な適性、能力などの質問に限り、本人

に責任のない家族状況などの事項や、本来人として自由であるべき思想信条などの事項については質問をしないように」と厳しく言われたという経験があると思う。

　一見すると、日本でもアメリカにおける差別的取り扱い禁止と同じようなことが行われていると思われる方が多いのではないか。これは大きな誤解である。

　実は日本では、採用に対する法的規制が大変緩やかである。採用は個人と会社といういわば"民民"間の契約行為であるため、会社が採用の基準を独自に設定することは問題ないとされている。

　昭和48年の最高裁判例に三菱樹脂事件がある。要約すれば、新卒入社した社員の学生時代の大学生協の役員歴や学生運動に関与した事実を、身上書に記載せず、また、面接試験の際もそれらについて虚偽の回答をしたことを事由に、採用を取り消した事件である。最高裁は会社の決定を支持した。

　憲法で定められる思想信条の自由は一体どうなったのか？　と疑問に思われる方もおられると思うが、憲法は国（アメリカには州独自の憲法がある）と国民との関係を規定するもので、会社という私人と個人間の契約行為に際して、一方の契約の当事者がそこに独自の価値基準を持ち込むことは問題ないとする解釈である。

　また、同じく憲法では「財産権の行使や、営業その他広く経済活動の自由も認めており」、会社は社員を雇用するに当たり、「いかなる者を雇い入れるか、いかなる条件でこれを雇うかについては原則としてこれを自由に決定できる」と結論付けている。

　昭和48年当時の判決であるため、その後制定された各種の労働法や関連法で、個別に採用に関する規制は課されるようになったものの、採用自由は日本における原則として定着している。

　例えば男女雇用機会均等法（以下、均等法）では「事業主は、労働者の募集及び採用について、女性に対して男性と均等な機会を与えなければならない」（第5条）と定め、第5条違反に対しては同法では"企業名を公表することができる"としている。

労働基準法第3条には「労働者の国籍、信条または社会的身分を理由として、差別的取り扱いはできない」としている。もっとも、労働法学者によれば、労基法第3条は"労働者"に適用されるものであり、採用段階では、応募者はまだその会社の"労働者"となってはおらず、したがって、労基法第3条は適用されないという"理屈"となる。実務家には無用の議論に思えるが……。

　上記以外の法規制といえば、せいぜい個人情報保護法程度であり、個人情報の利用目的の明示、目的外利用の制限、第三者取得の制限等の定めがあるものの、これらは採用活動を間接的に規制しているが、均等法のように採用活動を直接的に規制するものではない。ましてや、三菱樹脂事件のように、会社が独自に採用基準を定めて、これに基づいて面接等で個人情報を収集すること自体は自由に行われると考えられるのである。

　そうであれば、実際に日本で面接を行う際に、リクルーターたちに人事部が、「業務に必要な適性、能力などの質問に絞り、本人に関係のないことは質問をしないように」と注意するのはなぜだろうか？　これは雇用・職業上の差別待遇を受けない権利を保障したILO（国際労働機関）111号をもとに、厚生労働省が中心となって進めている採用差別に対するガイドラインに沿った各社の採用における基準でしかない。

　"でしかない"という表現をあえてしているのは、実は日本ではこのILO111号はいまだ批准しておらず、したがってILOの基準に沿って包括的に採用差別を制限する法律は日本では存在しないからである。

　日本企業にとって、アメリカで採用を行う場合の一番のリスクは何か？　雇用差別をしてはならないという原理原則は、日本でもアメリカでも同様である。したがって、採用に関して注意すべき事項はアメリカでも日本でも、基本的考え方に違いはない。

　しかしながら、日本の採用実務では、均等法における性差別を除くと、最後は採用自由の原則により企業が守られる。しかし、アメリカにあっては違法となる。つまり、同じように見えることだが、違反した場合のリスクの質が本質的に異なる。これもアメリカの常識と日本の常識が違う、ひとつの事

例だと思う。

日本の給与の考え方

　私は給与についての鮮明な思い出がある。もうだいぶ前のことになるが、まだ学生で就職活動に走り回っている時のこと、第一志望の会社の面接官から「働くのはカネじゃないよな。給与が高い会社を選ぶのは男らしくない（当時は均等法もなかったので、こういう発言は珍しくなかった）。男がかかわるのは仕事の中身だぞ！　うちの会社に入れば、君が希望する国際関係のスケールの大きい仕事ができるよ」と言われた。

　当時、親のスネをかじっていた気楽な身分でもあり、それほどお金に執着もしていなかったので、よく考えもせず、「そうですよね、会社は仕事で選びます」と即答したことがある。縁があり、結局その会社に就職することになった。入社後の新人研修で、その面接官と出会った。

　面接官は人事部研修グループの調査役だった。研修でその調査役と２人きりで話をする機会があり、その時に、「君、期待しているぞ。頑張れよ。今は新卒入社組の全員が横一線。給与も初任給で一緒だ」「しかし７、８年もすれば、だんだん入社が同じ同期同士でも差がついてくるものだ」「まずは基本給で100円の差がつく」、「はあ？　たったの100円ですか？」とは私の弁。「そうだ、100円だ」「しかし、その100円が将来の年収の何十万円、何百万円の差につながる。他の同期に負けるんじゃない。100円の差にこだわるんだ」と熱く語りかけられた。

　「金でなく仕事だ！」というあの日の言葉と今日の言葉はどう整理したらよいのだろうと、戸惑いを覚えた。同時に、大きな組織における現実をつきつけられた思いをし、いささか白けもし、失望もした。しかしながら、怖いもので、その会社で日々を重ねるに連れ、生来の負けず嫌い魂に火をつけられ、たとえ100円の差でも、同期に負けたくはないと思うようになった。

　100円の差が昇進・昇格の差につながるという会社の仕組みも分かってきたので、４月１日の定期昇給の時期に同期同士でお互いの昇給額の情報交換をするようになった。

このように一見奇妙と見える行動も、それなりの合理性が背景にはあるはずだ。それでは上記のような行動をもたらす原因とはいったいなんなのだろうか？

　①　まず考えられるのは、新卒でその会社に入社して、定年近くまで同じ会社に勤めることを前提としていることだ。給与の比較という行動は、あくまでも自分の競争の対象となる集団における自分の位置付けの確認行為である。転職などせず、その会社で出世することを目指すのだから、同業他社の給与などを比較しても意味がないことになる。人事部はよく、同業他社との給与の比較分析をして、「わが社の給与水準は世間的にも決して悪くない。競争相手である○○社よりは給与が高い」などということを社員に説明したりする。確かに、ライバル企業にくらべて、その会社は給与が高いということは、働く社員のやる気にはつながるだろうから、それなりの効果はあるだろう。

　しかし、ライバル会社の給与が高いからといって、社員が会社を辞めて他の会社に転職するわけでもなく、定年まで勤め続けるのであれば、何も無理をしてまで他の会社の給与に追いつき追い越す必要もない。人事部にとって大事なのは、社内での厳格な給与管理であり、横並びの新卒社員が、課長、部長、役員へと出世していくにつれて、給与の格差を徐々に広げていくことである。あまりに早く給与格差をつけてしまえば、差をつけられたと思う社員のやる気が失せる。まずは100円からというのはそこまで配慮した格差のつけ方なのだ。

　②　次に考えられるのは、新卒で入社した後の、人事異動、配置転換は会社の業務命令によって行われるという、日本の企業では当たり前の人材育成システムを前提としていることである。

　営業でキャリアを積んだ社員がある日突然全く違う部門に異動になるなどということは珍しくない。したがって、新卒同期が今の時点でどんな部門に属していようとも、5年、10年たてば、また、異なる部門に属していることもあり得るのだから、職務間の給与差を考慮することは意味がないし、また、人事異動や配置転換がそのつど会社で決定されるという日本のシステム

からすれば、そんな比較自体がはなはだ不合理なものとなろう。

　結果として、今の部門がなんであろうと、新卒同期生というグループが自然と形成され、職務を横断した給与比較が可能となる。

　反論する方もあるだろう。「わが社では職種別に手当があり、専門職の持つ専門性の高さを給与に反映させている」と。私も日本の給与の仕組みに職務の専門性が加味され出していることに異は唱えない。

　しかしながら、職務で給与全てを決定しているわけではない。あくまでも、手当という給与の一部でしかない。加えて、日本の会社のほぼ全ては例外なしに就業規則における人事異動・配置転換の会社権限は手放してはいないという事実がある。

欧米の給与の考え方

　かつて、日本は職能給であるのに対して、欧米では職務給であると言われてきた。20年以上も前、私が初めて海外勤務を命じられた頃、よくこのようなステレオタイプの議論がされていた。そこでは、「アメリカでは、一度、秘書として就職すると、秘書である限りは給与は変わらない。なぜなら、アメリカでは給与はその職務に応じて決定されるからで、給与を上げたいと思うのなら、職務変更するか、他の会社により高い給与で転職するしかない」というかなり乱暴な議論がまかりとおっていた。

　Pay for Job（ペイ・フォー・ジョブ、"Job"＝職務によって"Pay"＝給与が決定されるという考え方）が欧米の給与の基本思想であること、これは間違いがない。しかしながら、その当時でも、いったん入社すれば職務の変更がない限りは給与が変わらないなどということはなく、毎年、一人一人の働きぶりを上司が評価して、その評価に応じて給与額の見直しを行うのが一般的だった。働く一人一人のやる気を引き上げるには、各自の貢献度に見合った処遇の実現、給与の見直しであることは、日本でも海外でも同じなのである。

　欧米では中途採用がごく一般的である。もちろん、かつてのIBMなどのように経営幹部の多くを新卒からの生え抜き社員で固めていた会社もあるし、また、優秀な社員はできるだけわが社に定着して活躍してほしいと願う

のは、欧米でも同じであるし、Job Hopper（ジョブ・ホッパー、"Job"＝職務を"Hopping"＝跳びまわる、いわゆる転勤を繰り返す人を言う）を敬遠し、転職回数の少ない人間を信用する傾向があることも否めない。

　それでも、自分のもっとも適した会社を求めて、生涯で4～5回程度の転職は問題ないとする考え方は広く行き渡っている。だいたい働いたこともない人間がたった1回で自分にもっとも適した会社に就職できる確率などそんなには高くないと考えるのが自然であろう。また、入社後10年、20年もたてば、世間が変わり、環境が変わり、結果として会社も変わらざるを得ない。変わった会社が、自分が入社当時思い描いた会社とかけ離れていくことも十分にあろう。その意味では転職は当たり前の出来事にすぎない。会社もそれを前提にして労働力の調達戦略を立てている。

　Pay for Jobの考え方に、中途採用が一般的であるという事情を加えると、そこで出現する給与額は、まず、職務別に決定されるということになる。また、給与額は1社内における給与水準で決定されるのではなく、同業他社も含めたいわゆる職務別給与の"世間相場"をもとに決定されるということになる。世間相場を大きく下回る給与では、その社員を引きとめることは難しく、また新たに優秀な新入社員を雇い入れることもできない。アメリカでは、新卒の社員の給与ですら、担当する職務によって異なるのが当たり前である。

　さらに、Job（職務）について言及すれば、欧米では、どんな職務を担当するかは社員自身が決める。入社後の人事異動や配置転換は、会社の一方的な指示命令によるものではなく、あくまでも本人の同意を得ることが前提となる。日本のように、会社命令により担当する職務を次々に変えながら社内で昇進していくということはまず考えられない。

　私が日本企業に在籍している時に、国際部門から人事企画に異動となったことがある。その際、国際業務の関係で知り合った人たちに異動の挨拶をすると、日本企業の人からは「栄転おめでとう」と祝福されたが、外国人からは「お前、何か問題を起こしたのか？　ずっと国際業務をやっていたお前が、会社の命令で人事部門に飛ばされるなんて、よっぽどまずいミスをした

に違いない。このままではお前の国際業務のキャリアがだいなしになるぞ」と同情されたり、忠告されたりした。

　欧米では、営業スタッフはどこまでも営業職にとどまりながら、昇進を目指し、人事は人事職、経理は経理職というようにそれぞれの職務の専門性を磨きながら、さらにそれぞれの職務のプロを目指す。国際職の社員に人事部への異動命令を下すなどは、国際職のプロを目指していた社員に対する侮辱でしかない。あくまでも自分の担当する職務にかかわり、万一、その会社における自分への評価が公平ではない、低すぎると感じられたら、より自分の専門性を公平に評価してくれる会社を探してそこに転職していく。

　欧米では、職務別給与の世間相場を調査（"サラリーサーベイ"と言う）している企業が複数存在する。手法はいずれも似たり寄ったりだ。自分の会社のライバルと思われる企業を複数（少なくとも7社程度）リストアップする。サーチ会社はA社だけでなく、A社がリストアップした各社も顧客として抱えている。A社はサーチ会社に対して、それぞれの職務別のA社の給与額を知らせる。

　サーチ会社は、A社にリストアップした企業を加えてデータを集計して、各職務別の給与の最高、上位4分の1位、2分の1位、平均、最低額とわが社のその職務の給与額の比較結果を報告する。もちろん他社の給与額は匿名とする。これにより、A社のそれぞれの職務別の給与がライバル企業とくらべて高いか、低いか、それとも妥当なのかの見当がつくというやり方である。

　これは単純な比較分析だが、この給与調査を専門にしている会社が複数存在し、かつその社歴も古いという事実は結構重いものがある。また、「わが社はわが社におけるどんな職務であっても、競合する同業他社とくらべて、少なくとも上位4分の1位以上の給与水準を社員に約束する」というようなメッセージが会社トップから出されたりすることも珍しくない。特に新しく就任したCEOなどは、社員向けの就任演説でこの手のメッセージを出すことが好きなようだ。

　最近の欧米の給与は、ブロードバンド（Broad Band）＝範囲給という、こ

れまでの細かな職務をいくつかの少数の職務群（Band）に纏めて、それぞれの職務群に給与の最高額と最低額を設定して、その最高額・最低額の範囲内でそれぞれの職務の給与を決定または見直すという方式が採用されるようになった。

これは職務という考え方が、ともすれば静的かつ硬直的になりがちであるという反省にたち、ホワイトカラーの知的労働者層を中心に、より動的で柔軟な給与体系を求めた結果である。とは言え、Band（職務群）内の各職務の給与水準の決定に際しては、あいかわらず給与調査を中心に組み立てており、また、Band（職務群）の最高額や最低額の決定に際しても、この給与調査結果を参照はしている。

その意味でBroad Bandは正確に翻訳すれば、「範囲職務給」という日本語が正しいといえる。

給与は働く側にとっても雇う側にとっても、取り扱いがデリケートでかつクリティカルなものである。会社が社員に対して公平な給与額を設定することはきわめて重要である。

日本では、一般的に社内の入社年次による給与格差が公平・不公平の大きな要素であるのに対して、欧米では、担当する職務のいわゆる世間相場との比較が給与の公平・不公平の基準となる。今年の平均昇給率が3％、優秀者は5％とし、優秀な成績だった現地社員の昇給率を5％と一律に決めてしまうと問題が生じる。労働市場では需要が供給を上回り、給与水準が前年より高騰、たとえば10％の値上がりを示している職務もあり得る（最近ではシステム、特にネットワーク関連がその傾向にある。また、金融工学の専門家も給与水準が高騰している）。その職務を担当する優秀な社員は、5％という昇給結果に不満を覚え、他社に転職するという結果につながることも珍しくはない。職務別の労働市場の動向は、優秀な社員をひきつける重要な要素となる。

日本と欧米の人事考課の違い

会社が厳しい競争の中でライバル企業に伍して存続するためには、多くの優秀な社員が社業の発展に貢献すべく各自の職務に精励することが必要であ

る。優秀な人間が一生懸命に仕事をし、結果として会社の発展に大きく貢献した場合はそれを誉め褒美を与える、反対に優秀でない社員や、優秀であっても一生懸命には働いていない社員、一生懸命に働いていても結果として会社の業績発展に貢献できなかった社員に対しては、それ相応に対応することが大切であり、人事考課の役割はそのための具体的な基準を提供することである。

しかしながら、現実はなかなか厳しいものがある。社員からの不平不満はいっさいなく誰もが納得する人事考課を実施することは、人事施策上もっとも重要な課題と言っても反論はあるまい。

公正かつ公平な人事考課の実施は、人事管理上重要かつ不可欠のゴールではあるが、同時に目指せども到達することはできない永遠のゴールであるようだ。人が人を評価することはさほどに難しい。

人事考課についての、日本と欧米との比較論がここでのテーマであるが、優秀な社員には会社がその優秀さを適切に認めるという人事考課についての基本的な考え方には、日本と欧米に大きな違いはないように思える。

さらに人事考課の仕組みを細かく分析してみても、この5〜10年ほどの間で日本と欧米との間にそれほど大きな違いはもはや観察されなくなった。

これを検証するために典型的な欧米の人事考課を紹介しよう。代表的な人事考課制度は、MBO（Management By Objectives、マネジメント・バイ・オブジェクティブ）といわれる、所謂「目標管理制度」である。この考え方は1960年代以降、かのドラッカーにより提唱され、今や日本・欧米の多くの企業が取り入れている。企業が市場経済の中で存続し発展し続けるためには、毎期、その企業が目指すべき経営目標を設定することが一般的だが、MBOはこの企業の目標を、事業部門単位の目標→部単位の目標→課単位の目標とトップダウンで順番に細分化し、最後は一人一人の目標にまでブレークダウンするという考え方である。

社員各自がそれぞれの目標を達成すれば、結果として会社としての目標も達成することができる。

したがって、各自の目標を達成した社員がその期の会社の業績発展に貢献

した優秀な社員と認められる。毎期毎期、社員が各自の目標を達成することを繰り返すことで企業の持続的な発展が可能となり、ライバル企業との激烈な競争にも打ち勝つことができる。概略そのような仕組みである。

そのため、MBOにあっては社員各自の目標をいかに適切に設定するかが大切となる。

的確な目標設定をするにあたって必須といわれる要件を、Specific＝具体的に、Measurable＝目標に対する成果が客観的に計測できるように、Attainable＝目標がその社員が頑張れば達成できる範囲内で、Result Oriented＝成果・結果を重視し、Time-flamed＝目標達成のための実際のスケジュールを組み立てる、以上５つのものと定義付け、これらの各要件のそれぞれの頭文字をとってSMARTと名付けている。このSMART原則にそって設定された目標が良い目標であるといわれる。

まれに、日本では目標管理を人事考課の方法としては位置づけずに、社員各自の自発的な能力開発手段として捉える企業がある。これはMBOではない。この場合の目標は、社員各自による自己申告を出発点として形成され、これに上司の承認ないしは認知を得た上で目標として設定され、社員各自はそれぞれの能力開発のためにその目標達成に努力するというやり方である。このようなボトムアップ（社員がまず自分の目標をつくることから、MBOのトップダウンと対比してこう言われる）の目標設定は、社員各自の能力開発努力の累積がその組織の体力増強には役立つかもしれないが、かかる目標達成努力を積み重ねても、会社全体の目標が達成できる保証はない。

各自の目標と会社の目標との間に直接の相関性は全くない。これは「目標」ないしは「目標管理」という同じような呼び方をしてはいるが、これまで紹介したMBOとは全く異なるものである。たまに議論の混乱が散見されるので、若干論点からは外れるが、この点を指摘しておきたい。

さて目標設定の議論に戻ろう。

日本人が海外勤務を行う際によく直面する問題として、現地で雇い入れた社員各自に対する具体的な目標設定の難しさが挙げられる。「日本の部下（当然のことながら日本人）は目標設定の際に細かい要求をならべたてること

なく、大概は上司である自分の作った目標案をそのまま受け入れた」

しかし、(海外)では、「上司である自分が設定した目標をそのまま受け入れずに、あれこれと細かい前提条件をつけてくる」とか「いろいろと理屈をならべたてて目標を少しでも低いレベルに修正しようとしたりする」「一人一人の目標設定の打ち合わせにこんなに時間がかかるとは思わなかった」ということは珍しくない。

さて、MBO制度では、半年とか1年といった人事考課対象期間内に、2か月もしくは3か月に1回程度社員と面談することを定めている。この面談の目的は、目標の達成に向けての進捗状況の検証、目標達成のための管理職としての具体的なバックアップ策の必要性の検討、当初想定していた目標達成のための前提条件や社内外の環境面での変化の有無、仮に変化があり、かつその変化が大きい場合は当初設定した目標を修正することの妥当性の検討と具体的な修正後の目標作りであるが、海外勤務の場合、この面談の際も、日本人管理者からは、日本人の部下とくらべると「注文が多い」「こちらの言うことに対して必ず意見を言う」「時間がかかる」という話を聞く。

MBO制度では、設定した目標に対する結果を評価することで一つの目標管理のサイクルが完了し、この評価結果は次期の目標設定の際の重要な資料になるとされている。

この結果を社員各自にフィードバックすることはMBOで重要なプロセスであるが、この結果のフィードバックの際にも、外国人の部下の場合、日本人管理者からは「あれこれ理屈をつけて、目標が達成できなかったのは自分の努力不足ではなく、自分がコントロールできない環境面の変化であると主張する」「設定した目標とは別に自分が貢献したことをあれこれと挙げ、考課結果の加点評価を求める」等々、日本の部下にくらべると一人一人とのフィードバック面談に大変な時間がかかり、苦労がたえないという。

基本的な枠組みに日本と欧米とでそれほどの違いのない人事考課を考える際に、日本国内勤務とくらべて海外勤務では難しい、換言すれば、日本国内勤務の際の人事考課の常識が海外勤務で通用しないのは、この社員一人一人とのコミュニケーションの問題につきるようだ。

海外勤務では、人事考課の際に、目標設定、中間面談、結果のフィードバックのそれぞれの局面で、一人一人と十分に意思疎通を行い、できるだけ個別合意を形成することが必要とされる。もちろん、これは日本でも同じだ。しかし、海外では「上司の発言をそのまま受け入れる」ということは通用しない。必ず一言意見が付加される。場合によっては、自分にとって少しでも有利な状況を勝ち取るためには、会社からみれば適切な理由とはみなされないようなことも、とりあえずは主張しておこうというようなことすらおこり得る。

　「とりあえずは言ってみよう。万一少しでも自分の発言が取り入れられれば自分には得だ」とでもいう考えだろうか。そんな場合に、会社は管理者に対して常に相手が納得し管理者の評価に同意するまで話し合えというようなことは要求しない。求められているのは、上司が一人一人に十分に時間をかけて丁寧に意思疎通を行うということだ。実際、MBOのフィードバックに使う書式には、社員各自に、上司の評価結果に対して「合意した（Agreed by...、アグリード・バイ）」という署名は求めずに、上司が評価結果を「自分に説明した（フィードバックを行った）ことを認める（Acknowledged by...、アクノレッジ・バイ）」という署名を求めることが一般的である。

　上司の言うことに耳を傾けることは必要とされるが、必ずしも上司の評価結果に同意する必要はないのだ。また、公正かつ公平な人事考課を目指す工夫として、社員が上司の評価結果に不満がある場合は、上司の上司に対してこれを訴えることができる異議申立（Grievance、グリーバンス）制度を取り入れることもまた一般的である。

　かつて欧米の人事考課では、直属上司による主観的な評価で決まることが珍しくなかった。そのため、MBO制度では、既述のようなAcknowledged by...や上司の上司に向けての異議申立（Grievance）制度や、さらには、360度評価に代表されるように、上司だけでなく、同僚、他の部門、場合によっては社外の顧客などの自分の仕事の関係者が人事考課に参加することにより、より公正かつ公平な人事考課が実施されるような工夫が行われるようになってきている。

日本でも自社の人事考課体系に、欧米と同様にこれらの様々な工夫を導入することが珍しくはなくなってきている。しかしながら欧米にくらべるとこれらの諸"工夫"の浸透度合いは若干日本の方が遅れているように思う。もっともこれは時間が解決するもので、日本と欧米の決定的な違いではない。

　人事考課の最近の傾向にまで言及したものの、人事考課の基本的な構造は昔とさして変わってはいない。どんな工夫を重ねたとしても、自分の直属の上司が自分の評価にもっとも大きな影響を与える。その意味では、海外勤務を命じられた日本人管理者は、部下一人一人が自らを守るために上司に対して発する細かい注文に耳を傾けて、受け入れるべき事項は素直に受け入れ、はねつけるべき事項は毅然と理由を説明した上で拒絶するという態度が求められる。

　この積み重ねが上司と部下との信頼関係の醸成につながる。かかる濃密なコミュニケーションに手をやく日本人管理者は少なくないが、ある意味では、グローバルな市場で仕事をするということは、この濃密なコミュニケーションに、人事管理だけでなく、仕事上のあらゆる人間関係で対応していくということなのだと思う。

　これを面倒と思うか一つの挑戦として楽しむかは、海外勤務が成功するか失敗に終わるかの大きなカギとなる。

第3章
セクシャル・ハラスメント

海外のセクシャル・ハラスメント（sexual harassment）

　日本企業の過去の大きなセクハラ事件を振り返ってみる。1990年代なかばには、アメリカでX社が女性従業員へのセクハラを長年放置したとして、アメリカ政府機関の雇用機会均等委員会（EEOC）に公民権法違反で提訴された事件がある。

　アメリカのメディアは、問題の背景に日本社会の"後進性"があるとして、いっせいにこれをたたき、X社製品の不買運動にまで発展した。なお、この訴訟は補償金として約3,400万ドル（当時の円換算で約48億円）を女性従業員に支払うことなどで和解した。

　ちょうど10年後、Y社のアメリカの現地法人の社長兼CEOを、その元秘書がセクハラで訴えるという事件が起きた。訴えられたのは、社長兼CEO本人と現地法人、ならびにその親会社であるY社だった。訴訟総額は懲罰的損害賠償も含めて19,000万ドル（当時の円換算で約215億円）。結局、Y社側が会社の非を認め、巨額の和解金（金額は公表されていない）を支払うことで合意が成立している。

　また、同年、日本の新興企業グループがニューヨークで経営する日本食レストランで、同店のアジア系女性従業員が1年半以上にわたって日本人料理長から勤務中にセクハラを受けたとして2,000万ドル（当時の円換算で約22億円）の損害賠償請求を起こしたという事件もあった。

　セクハラは、大きく環境型と対価型の2種類に分類される。

　環境型セクシャル・ハラスメントとは、性的な言動により相手に不快感を与え就業環境を害することと定義される。たとえば、職場や休憩室などでヌードポスターを見ていたりする事例が典型である。

対価型セクシャル・ハラスメントとは、相手が不快に感ずる性的な言動を行い、それに対する相手の拒絶、抗議などの対応により不利益な労働条件を課すことと定義される。相手に肉体関係を迫り、それを拒絶されると配置転換や解雇などを行う事例が典型である。

　セクシャル・ハラスメント事件で会社として頭が痛いのは、セクハラが単に加害者と被害者との個人間のトラブルではなく、被害者が不快に思うような職場環境を改善せずに放置したとして、会社もその責任を問われるからである。

　先に挙げたような高額な訴訟にまで発展すれば、会社のイメージも大きく失墜する。実際、X社の事件では、提訴の3～4年前から、同社の女性社員が相次いでセクシャル・ハラスメントを受けたとしてEEOC（雇用均等委員会）に訴えていたが、X社はこの訴えを放置し、何の改善策もうたなかったため、EEOCは悪質と断定、会社が長期的にセクハラを放置したとして、EEOCによる集団訴訟となったのである。

　その意味では会社の責任は重い。さらに言えば、X社がこれに対応する措置として、3,000人近くを動員してEEOCに抗議デモをさせたことで、市民感情を逆なでし問題をさらに悪化させ、X社製品の不買運動にまで繋がってしまった。

　Y社の事例でも、元秘書の訴えには、社長兼CEOの具体的なセクハラ行為に加えて、元秘書が会社から話し合うようにと言われたのみで、会社がセクハラの訴えに対して適切に対処していない点について言及している。相談を受けた副社長からすれば、CEO兼社長の問題で取り扱いに頭を痛めたであろうことは想像に難くないが、副社長の行動は結果的には会社の持つ社員の職場環境を整備するという義務の履行を怠っていることになる。

　海外勤務に際してセクハラ問題の対応で厳守すべき点は、仮に部下からセクハラの訴えを受けた時は、「当事者間の問題」として片付けてはならないということである。会社によっては、セクハラ専門の窓口もあるので、その場合は速やかに、もしなければ人事部門に報告をし、会社の問題として取り扱うことである。会社がセクハラ問題を対処する場合は、まず被害者、加害

者双方から、それぞれ別々に事情を問いただし、事実の把握に努めることから始まる。決して両者同席の上で話を聞くなどということをしてはならない。

職場のセクハラ問題

　職場におけるセクハラ問題は、男女間のプライベートなトラブルではなく、会社の責任が問われる事件なのである。被害者のプライバシーを尊重し、秘密厳守に注意をはらうことも大切である。セクハラが事実であれば会社規則に則り加害者は厳正に処罰されなければならないし、また、被害者には引き続き会社に勤め続けてもらうために、会社は人事異動なども含めた適切な対応をしなければならない。

　もし、自分の周辺でセクハラ行為を目撃したり、あるいは同僚からセクハラを受けたという相談を受けた場合はどうするのか？　その場合は、会社の一員として、上司、人事部、セクハラ専門窓口へただちに報告することをお勧めする。

　私は、現在日本企業や外国企業向けに人事関係のコンサルティングを行っているが、経営者や人事部長からのセクハラ問題の相談は非常に多い。しかしながら社内の事情調査をしてみると、実は周辺の同僚たちはもっと前から気がついていたということが少なくない。繰り返すが、セクハラは問題が顕在化すれば、会社の責任が問われることになる。この被害を最小にくい止めるためには、早期発見、早期対処が肝要である。

　万一、あなたが海外勤務でセクハラの加害者になってしまったとすれば、これは大問題だろう。もちろん、Ｙ社やニューヨークのレストランの事例のような、いわゆる対価型のセクハラの加害者となればこれは論外、同情の余地はない。しかしながら、環境型のセクハラの加害者として訴えられるリスクはないだろうか？　これについて考えてみよう。

　セクハラはそもそも"相手が不快に思う"か否かが成立要件である。したがって、あなたが同僚のＡさんと同じ話をし、同じような行動をとっていたとしても、Ａさんはスタッフからは不快に思われないためセクハラにはなら

ず、あなたの言動だけが不快に思われた挙げ句にセクハラであるとして訴えられてしまうということがあり得る。

仮にそのような事態に直面したのであれば、あなた自身はセクハラだけでなく、海外におけるその職場でのあなた自身のかかわり方を反省する必要がある。

日常十分にコミュニケーションをとっているスタッフ同士で、肩が触れたというだけでトラブルにまで発展するだろうか。相手が不快に思うことをしないというのは、何も性的言動だけに限られることではない。「相手が不快に思うかどうか」ということに配慮するのは、人との付き合いの中ではもっとも大事なことなのだ。上司、同僚や部下との関係で「相手が不快に思うか」という配慮は大切である。

職場における人間関係もしかりである。ましてや勤務地は外国で、あなたの周囲のスタッフの大半が日本人ではないのだ。あなたとは、生まれ育った環境も異なる。あなたのような無宗教ではないかもしれない。両親が移民として苦労を重ねてきたのかもしれない。海外での職場は居住地、家族構成、習慣、教育、人種、民族、母国語、宗教、国籍、出身地、性的指向、パーソナリティなどなどが異なる人々の集合体なのであるから、これらの違いに対するきめ細かい配慮を忘れずに、スタッフとの日々のコミュニケーションを密にしていれば、知らないうちに環境型のセクハラの加害者となってしまうようなことは、まず起こり得ない。

ヨーロッパではどうだろうか？　先日、何かと煩いアメリカと違い、ヨーロッパ諸国ではセクハラには寛大だという意見を聞いた。セクハラに対する神経質さだけを考えると、アメリカは他の諸国にくらべると確かに厳しいのかもしれない。

私は、これまでヨーロッパ諸国ではフランス、ドイツ、オランダ、また、ヨーロッパに含めると嫌な顔をする国民も珍しくないイギリス、はたまた南半球のオーストラリアの各企業からセクハラ問題の相談を受けてきた。対価型セクハラに対する厳しい措置は、どこの国の事例でも同じであった。また、相手が不快に思うことに対する配慮が大事だという点も、どこの国でも

同じだった。中国はじめ、アジア各国でもセクハラは法律で禁止されている。

　その意味ではセクハラの表層的な厳しさの違いを国別にあげることにそれほどの意味はないように思う。大事なのは"相手が不快に思う"点に配慮するという姿勢と、それに加えて、相手が不快に思うかどうかは、居住地、家族構成、習慣、教育、人種、民族、母国語、宗教、国籍、出身地、性的指向、パーソナリティなど、一人一人のそれぞれが持つ属性が大きく影響をするという認識であろう。

　最後に、アメリカにおけるセクハラの問題意識、研究はさらに進んでいるという点を補足しておこう。2009年アメリカの社会学会で発表された研究によれば、非異性性愛者（同性愛者や両性愛者という注釈が記載されている）は異性愛者の2倍のセクハラにあっているという問題が指摘されている。

　また、この調査では女性非管理職のセクハラ被害は3人に1人の割合だったのに対して、女性管理職のセクハラ被害は2人に1人であったという調査結果も発表されている。また、これとは別の調査では、女性管理職からの男性社員に対するセクハラ事例も複数紹介されている。その意味では職場におけるセクハラ問題は、職場の力関係にも大きな影響を受けているように思う。このあたりの調査研究は残念ながら日本ではあまり行われていない。

第4章
ダイバシティ・マネジメントの考察

最新の人事管理手法 Diversity Management（多様性を受け入れるマネジメント）

　Diversity Managementとは、組織内における多様性を許容する管理手法を示し、人事でDiversity Managementと言えば、組織内において人材の多様化や社員各自の働き方の多様化を許容するような人事管理手法を言う。

　21世紀に入ると、このDiversity Managementが欧米では盛んに議論され、この考え方を積極的に導入し、人事の仕組みを整える企業が相次いでいる。欧米ではやったものは日本でもはやらせないと先進国の一員として出遅れてしまう、このままでは国際社会の一員としては恥ずかしい——というような勢いで、日本でも平成20年度の厚生労働白書では、「公正かつ多様な働き方の実現」と謳い、「企業と働く者は、協調して生産性の向上に努めつつ、職場の意識や風土の改革、働き方の改革に自主的に取り組み」「国は、社会的気運の醸成、制度的枠組みの構築、環境整備などの促進・支援策に取り組む」として"多様な働き方"を官民挙げて実現しようという姿勢を示していた。

　Diversity Managementとは"多様性を許容する"と一言で述べてみたものの、人事管理の観点からいえば、これはなかなかに厄介なことである。人事制度とは、もともと大勢の社員を一つの集団として統制管理することで効率性を実現し、企業の労働生産性を最大限に引き上げようとするための仕組みであるので、その組織の構成員の多様性を排除し、画一的に管理することのほうがはるかに容易である。組織の構成員の一人一人の要求や主張にいちいち耳を傾けていると、組織全体が収集のつかなくなる事態に陥ってしまう。

　組織のどこを切り出しても、同じような考え方や行動様式をもつ社員で構

成される、いわば金太郎飴のような、どこを切っても同じ顔が出てくる組織の方が、統制、管理は簡単でやりやすいはずである。その意味では軍隊は構成員の多様性を排除し、戦闘という目的に対する効率性を最大限に実現しようとする組織である。

　新卒で会社に入り、終身雇用で守られ、その企業で定年を迎える。新卒同期生同志の出世競争は厳しいが、頑張れば役員、標準やや上の程度で部長、悪くても課長にまでは何とか。かような年功序列のもとで入社後賃金は徐々に上昇する。

　入社後、数年たって結婚し、働いていた奥さんは結婚を機会に家庭に入り、扶養家族が1人、子供が生まれ扶養家族はさらに増え、子供が成長するにつれ、幼稚園、小学校、中学、高校、大学と子供の教育費用も増えていくが、年功序列制度のもとで賃金も上昇するので、結局はそれぞれのライフステージに伴い増加するコスト（生計費）を会社の給料が十分に補ってくれる。

　かつての日本の高度成長を支えた企業は、多様性とはまったく逆の、男性の正社員が新卒から定年までを考える画一的人事制度であった。もちろん、当時から女性社員も活躍してはいたが、彼女らも新卒で入社をし、結婚を機に退職するという、おおむね5年から10年間を会社で男性社員の補助役として勤務するという、これも画一的人事制度で十分に対応ができた。

　もちろん企業は常に社員の労働生産性の最大化を実現することを要求するので、当時の各企業の人事企画の担当者もそれなりに苦労し、様々な工夫を重ねたことと思うが、当時の人事管理の手法は多様性とは対極にあり、十人十色ではなく、十人"一色"であったといってもさしつかえあるまい。だからこそ、戦後の奇跡と言われた高度経済成長を実現し、第二次世界大戦で荒廃した国が短期間のうちに国民総生産世界第2位の経済大国にまで発展することができたとも言えるのかもしれない。

日本における人事管理手法

　しかしながら時代は大きく変わった。すでに会社の構成も、正社員ばかりでなく、契約社員やパート社員、今は職場では派遣社員もあたりまえになっ

た。平成24年度の「労働経済白書」によれば、非正規といわれる労働力は、平成19年では1,700万人、平成23年では1,800万人と増え、労働力人口の35%を占める。

　労働市場の流動化が進み、正社員であっても、新卒入社だけでなく、中途採用者も珍しくない。また、新卒正社員は、3年以内に3割が転職すると言われている。その意味では、日本企業の人事労務管理はすでにある程度多様なマネジメント対応を実現している。

　そして昨今は、「厚生労働白書」を繙くまでもなく、官民挙げて一層多様な人事管理手法を積極的に導入しようとしている。多様な人事管理をさらに求めようとする日本政府の狙いは容易に窺うことができる。少子高齢化対応である。

　WHO2011年統計によれば、日本男子の平均寿命は79歳、女子は86歳。一方で2012年の合計特殊出生率（一人の女性が一生に産む子供の数）は1.41、この傾向が続けば50年後の日本の人口は9,000万人を割り込み、高齢化は急速に進展する。少子化をくい止めるためには、結婚・子育てと仕事を両立させる"弾力的な"働き方を容認しなければならないし、60歳定年制により第一線から退こうとしている労働者も65歳までの定年延長や再雇用制度により労働市場に留まってもらい、労働力の急激な減少を少しでも緩和しなければならない。

　特に、女性労働力の積極活用には、官民ともに熱心である。これは働いていない女性を新たに労働力として取り込むことで、前述の労働力の減少に一定の歯止めをかけようとするとともに、出産後も会社を辞めることなく安心して働き続ける職場環境の提供により、少しでも出生率の低下をくい止めようとしているからだ。女性社員は、いまだに結婚や出産、特に出産を契機として退職する傾向にある。2001年と若干古いが厚生労働省統計によれば、出産1年前の女性の74%はなんらかのかたちで働いているが、出産後半年を経過すると、その比率は32%にまで落ち込む。出産を契機として半分以上の女性社員が退職するというのが実態なのである。しかしながら同じく厚生労働省統計では、女性の4分の3以上はできることなら働き続けたいと希望して

いる。働き続けたくとも、出産すると働き続けることが難しいというのが、今の日本の実情なのである。

　そこで、日本政府は女性労働力の活用促進のため、企業に女性社員が結婚後、出産後も安心して働き続けることのできる労働条件や職場環境を整備させることを目指した。育児休業法の相次ぐ法改正や次世代育成促進法の成立施行がこれをあと押ししている。

　興味深いことに、日本におけるダイバシティ・マネジメントの導入、促進は、この女性労働力の活用とほぼ同義となっている感がある。ダイバシティという用語で検索すれば、ダイバシティ・マネジメントの導入企業の成功例が多くヒットするが、その大半（筆者が見る限りは全ての事例）が女性労働力の活用事例なのである。さらに調査分析すれば、ダイバシティ・マネジメントを推進するための、KPI（Key Performance Indicatorの略、一つの施策の導入の成功を図るための具体的客観的な指標のこと）として女性の管理職登用比率を用いる企業が多い。注意深く観察すると、日本でいちはやくダイバシティ・マネジメントを導入したと称している企業の多くは、その証左として女性管理職の登用について語っている。

　しかしながら私の知る"成功"（と自称している）企業の実際は、これを達成するために、男性の管理職登用よりも甘い基準で女性管理職を作り上げ、作為的に女性管理職数を増やし、それにより女性管理職比率の引き上げを無理やり実現している。わが社のダイバシティ・マネジメントは成功していると自画自賛している企業にあって、このようにして不自然に引き上げられた女性管理職が登用後に退職してしまう悲劇的な事例も散見される。

　人事管理については、無定見なマスコミ報道は今までも枚挙にいとまがないが、ダイバシティ・マネジメントについてもしかりである。これにより、日本におけるダイバシティ・マネジメントは女性を活用することとして広く認知されていった。結果として、欧米で導入されているDiversity Managementとは異質のものが日本の"ダイバシティ・マネジメント"としてできあがる。

海外の常識とズレた日本の常識

　私は、別に女性の積極活用を非難するものではない。それどころか、女性労働力の優秀さを認め、女性が結婚・出産などで退職せざるを得ない状況は、一企業における戦力低下であるばかりでなく、日本の人的競争力の低下を招いていると思う。

　たとえば、私が企業の人事責任者だった当時、毎年入社してくる新卒社員を比較すると男性より女性の方が圧倒的に優秀であったという経験をもっている。

　私と同じような経験をしている人事経験者は珍しくない。その意味では、優秀な女性労働力の活用は日本にとって重要な施策である。

　しかし、Diversity Managementは、女性活用と同義ではない。最初のDiversity Managementの萌芽はアメリカである。ご存知の通りアメリカは多民族国家であり、アフリカ系国民に代表されるマイノリティ対応について長年苦労している。EEO（機会均等法）が成立し、民族、皮膚の色、人種等による差別を法で禁止するとともに、EEOC（雇用均等委員会）で差別的取り扱いにおける積極是正策を講じている。

　最近のDiversity Managementのきっかけは、アメリカではなくヨーロッパである。ヨーロッパでは、EUという広大な経済圏を作り上げる壮大な実験が着々と成果を挙げている。その結果として、EU圏内での円滑な労働力の移動が必要となった。一口にヨーロッパと言っても、言語も異なれば、伝統・文化も異なる諸国の連合体である。イギリス、ドイツ、フランスのような大国もあれば、経済では相対的に弱い立場の国も参加している。

　歴史を振り返れば、ほんの半世紀前にはお互いに戦争をしあった国同士が一つの連合体として協働しようとしている。いまだに日本の戦争責任が議論され、また、戦後の一連の反日教育の影響のゆえか、戦争を直接経験していない若い世代にすら反日感情が幅広く観察される中国や韓国をはじめとするアジア近隣諸国と日本との関係を考えると、EUの試みにはただただ頭が下がる思いである。それと同時に、いまだに第二次世界大戦の清算が済んでいない日本政府と我々日本国民の不甲斐なさをなさけなく思う。

女性の管理職登用について

　Diversity Managementとは、「組織が、多様な価値観を持つ社員を許容すること」と定義した。欧米、特にヨーロッパはEUという世界一巨大な経済圏を構築するにつれて、性別などはもとより、人種、国籍を超えて、これら個々人の多様性を許容する組織経営を進めている。一方日本では、元来、人種や国籍についての課題は存在しないと切り捨て、ダイバイシティ・マネジメントを、欧米にくらべるとまだまだ遅れている女性労働者の活用促進である、と置き換えた。

　日本でダイバシティ・マネジメントを積極的に推進している"先進的"な企業では、女性管理職比率の引き上げの進捗を計測する評価項目（KPI = Key Performance Indicator）に据え、女性管理職の登用を積極的に進めている傾向にあると分析した。前述したように、欧米でのDiversity Managementと日本のダイバシティ・マネジメントは似て非なるものであるとした。

　私は女性の管理職登用には大賛成である。もともと管理職は組織における重要な役割を果たすのであるから、男性女性を問わず、優秀な社員が抜擢されるべきである。優秀であっても女性であるがゆえに管理職登用を見送られているのであれば大きな問題だ、とはいえ現実はなかなか厳しい。

　超一流と言われている国立大学４年の女子学生の就職相談に乗ったことがあるが、中学、高校、大学と頑張れば良い成績をあげることができたので性差などは意識したことがなかったが、就職活動を通じ自分が女性だということを意識させられたという。幸い彼女は、一流出版社の内定を勝ち取ることができたが、商社、銀行、情報産業では苦戦の連続だったという。彼女ばかりでなく、学内でも概して男子学生のほうが希望企業での内定が早かったという。

　管理職とはそもそも何だろうか？ 労働基準法の解釈では、管理職（正確には管理監督の地位にある者）は、「労務管理等において経営者と一体的立場にある」と定義され、労基法第41条第２項では、「労働時間、休憩および休日に関する規定の適用の除外」となることを認めている。これを根拠として管理監督者には残業代が支給されないのだが、労働時間等の適用の除外が認

められる趣旨は、平たく言ってしまえば、管理職とは経営者と一体となって組織経営上の重要な役割を果たすのであるから、9時から5時というように決まった時間だけ働けばそれで済むものではなく、組織が必要とすれば、朝早くから夜遅くまで、休日も厭わずに働かなければならない、ということになる。

　管理職という一定の枠組みを先に設定して、そこにうまく収まる女性社員を活用することが、Diversity Management ＝ "多様性の許容" なのだろうか？　真の個人主義がなかなか根付かない日本のような社会にあっては、会社はもともと個人が持つ多様な価値観にさほどの注意を払わない。逆に個人が自分の価値観を封印して、従来からの組織の価値観に合わせることを求めた。

　私には、女性管理職の登用とは、結局は今までの男性管理職と同じ働き方ができる女性社員を作っていこうとする企業にとっては都合の良い努力としか思えない。ましてや、Diversity Management の真髄である "多様性の許容" とはずいぶんと距離があるように思えてならない。

総合職制度について

　私は、学生の就職相談を通して、すでに死語となったと思い込んでいた「総合職と一般職」という人事制度が、多くの企業でいまだに残っているということを知り、改めて驚かされた。

　総合職とは、引っ越しを伴う転勤を前提として、将来企業の幹部候補となるグループであり、一般職とは引っ越しを伴う転勤はないかわりに出世には一定の制限が課され、よく言えば専門職となって企業に貢献するグループであると定義される。

　私は、欧米企業の人事部長らとの雑談で、何度となく、この総合職・一般職制度について紹介したことがあるが、彼らの多くがすぐには理解ができなかった。会社の部長クラスでさえ、転居を伴うような異動の可能性が生じると、まず家族と新しい任地での仕事を受け入れるかどうかを相談し、家族等の反対を理由に異動を拒絶したとしても、それを当たり前のように会社が認

めるという社会では、転勤を軸に社員を二つの世界に棲み分けさせるという考え方に戸惑うのも無理はあるまい。

　欧米の複数の人事部長は、「引っ越しできるかどうかとその社員が優秀であるか否かは全くの別問題だよな。しかしながら日本では、引っ越しができないと優秀な社員でも出世させないのだな。人材をフルに活用しているとは言い難いね」というようなコメントをしている。私が、日本では概して優秀な社員は総合職になると述べると、「そうであれば初めから、優秀な社員は総合職にすると定義し、彼らに対しては将来のマネジメント候補として、特別の育成プログラムを施せば良いではないか？」と言ったものだ。

　私は1985～86年頃、ある大手企業の人事部に所属し、人事企画で総合職・一般職制度を導入直後の現場のフォローもしていたが、現場からの素朴な疑問に困惑した覚えがある。それは新卒者の評価である。日本では、新卒者は、総合職だろうと一般職だろうと、全く会社の役にはたたない。戦力以前の状態である。入社後にOJT（On The Job Training、オン・ザ・ジョブ・トレーニング）、実際の仕事を通じて行われるトレーニングのこと）などを通して徐々に戦力となるべく鍛えられるが、最初のうちは、総合職だろうと一般職だろうと同じような仕事を与えられることも珍しくはなく、総合職よりも一般職の方がよほど仕事ができると、先輩・上司から評価されるようなこともままある。

　しかし、総合職は一般職よりも出世できるのである。現場からの素朴な疑問は、「人事部はなぜ仕事ができるあの一般職社員よりも、ミスばかりで、常に一言多いあの総合職社員のほうが優秀で将来の経営幹部としているのか」というものだった。

　この総合職・一般職制度は、男女雇用機会均等法が成立施行し、それまで暗黙のうちに組織内で成立していた、女性社員は補助労働力であるという考え方を、均等法施行後も温存するというねらいがあったことは否定できない事実である。少なくとも私の所属していた企業では、総合職・一般職制度を設計する際にそのような議論を交わした記憶がある。

　当時（1985～86年）、女性労働力を一般職という枠組みでコントロールしよ

うとしたのは、もちろん補助的労働力に対する人件費抑制という切実な問題もあった。だがそれ以上に、結婚（当時〈1985〜86年〉は女性社員が結婚と同時に退職が珍しくはなかった）、出産、育児という個人の人生にとっては重要な出来事と、「企業にとって一番重要な労働力とは、必要ある時には朝早くから夜遅くまで休日も厭わずに働き続けることのできる社員である」という考え方は矛盾し両立しないという前提にあったように思う。

パートタイム労働法の問題点

　ワークシェアリングの推進や家庭に入ってしまった女性の再度の就業機会の増進のための環境整備として、いわゆる「パートタイム労働法」（厚生労働省）が改正され、平成20年4月より施行された。

　この法律そのものは広範囲にわたり、短時間労働者（パート労働者）（正社員よりも相対的に労働日数、労働時間が短い労働者と定義される）の労働条件についての考え方を整理したもので、これまでともすれば正社員労働者に比べて不利に扱われていた短時間労働者（パート労働者）にとっては朗報ではある。

　同法では、短時間労働者（パート労働者）の処遇水準やその他の労働条件について、通常の労働者と均等のとれた待遇を目指すとしている。この"均等のとれた"という表現は実はあいまいで、日本の持つ長い間の人事管理の実情が反映されている。同法が改正される以前から、正社員とパートタイマーの不均等な待遇については、判例が積み上げられている。

　特に、短時間労働者（パート労働者）と言っても、実は雇用期間が有期となっているだけで、労働時間も労働日数も正社員とはほとんど差がなく、その有期雇用も契約の更新が長期にわたり継続されており、また、その短時間労働者（パート労働者）は正社員と同じ仕事をしているということも珍しくはない。かかる状況であっても短時間労働者（パート労働者）であるという理由で正社員にくらべると賃金が大幅に低く抑えられるのは不公正だとして、裁判で多く争われてきた。判例を俯瞰して結論づければ、正社員とくらべて2割程度の賃金の差であれば、格差があるとはみなさず、おおむね同じ、つまりは、"公平"であると判断されるということになっている。"公

平"という言葉を単純に考えれば、同じ仕事をしていれば同じ賃金という結論に落ち着くと思うのだが、長い間の労務管理の実績を反映し、2割賃金が低くても"公平"とみなすということが日本の人事の常識となっているのだ。

この「パートタイム労働法」でも、均等待遇については第9条で、「事業主は、職務の内容、退職までの長期的な人材活用の仕組みや運用などが通常の労働者と同一の短時間労働者（パート労働者）であって、期間の定めのない労働契約を締結している者については、短時間労働者（パート労働者）であることを理由として、その待遇について、差別的取り扱いをしてはならない」(傍点は筆者)と定められた。

職務の内容とは、業務の内容と業務に伴う責任の程度であると定義される。普通、職務の内容といえば、その社員が担当している仕事と思うのだが、法律では担当している仕事は職務ではなく業務であると位置づけ、さらにその職務には責任の程度が含まれるという。同じ仕事をしても、あなたは責任がある、あなたは責任がない、という使い分けが企業内では認められるということになる。

さらに、退職までの長期的な人材活用の仕組みや運用という条件までも付されているのだから、同じ仕事（業務）をしていても、たとえば、あなたは将来の経営幹部だからという社員は優遇されることは法違反とはならない。パートタイム労働法が従来の日本における人事管理をもとに成立しているといえる一つの根拠である。

同一価値労働同一賃金の原則

同一労働同一賃金という言葉は、人事の方々だけでなくてもなじみのある言葉だと思う。日本では、同一労働同一賃金の原則が広く認められているのだから、会社に入っても給料でひどく差をつけられることがないから安心だとも考えられている。この同一労働同一賃金とは正確には同一価値労働同一賃金の原則（傍点は筆者)というが、この考え方はILO（国際労働機構）のILO憲章前文で「同一価値の労働に対する同一報酬の原則の承認」と謳われ、男女

間の賃金格差についてはILO第100号で同一価値の労働についての男女労働者に対する同一報酬に関する条約として成立している。

ILO第100号は日本でも1967年にこれを批准し、日本の人事管理の原則となっている。ちなみに、同じILOでも第111号「雇用及び職業についての差別待遇に関する条約」は日本では未批准であるが、前第100号についても、ILO条約勧告専門委員会は2008年に同一価値労働に対する男女の同一賃金については男女間格差がきわめて大きいとして、その改善を日本政府に求め、パートタイム労働法改正についても同法の改正によって新たな保護の対象となるのはパート労働者のごく一部に過ぎないとして、同法の改正は不十分であったとしている。

ヨーロッパでは、EUとして1997年にパートタイム労働指令を定め、雇用形態を理由とした賃金格差を禁じ、男女はいうまでもなく、雇用形態の多様性を許容した賃金体系を導入している。

日本にあっては、男女間はもとより、正社員とパート労働者、直接雇用者と派遣社員との間に同じ仕事をしていても賃金の格差があることは、事実として誰もが知っていることであり、また、多くはそれをある程度当然のこととして受け入れているように思う。

企業内の賃金格差については、否定的な労働組合も、たとえば派遣社員との賃金格差となれば組合員の待遇を守るという名分からおよび腰となっている事例は散見される。ましてや経営陣からすれば、男女間の賃金格差やパート労働者の問題はあくまでも人事体系の細部の修正の問題であって、これまでの会社命令による配置転換も含めて長期的に人材を育成するという人事の基本を修正しようとは思ってはいない。

したがって、同一価値労働同一賃金の原則にしても、日本の常識と欧米の常識とはその細部を見ると異なってくるし、ましてやDiversity Managementという新しいテーマとなれば、その具体的な進め方が日本独自となることも首肯せざるを得ない。

私が知るあるアメリカの会社は、Diversity ManagementについてのMission Statement（ミッション・ステイトメント、会社の基本方針）を作成、

――このあたりの感覚がいかにも日本企業とは違って面白い――、そこに「多様性の許容はこれまでの人事管理の基本方針の一部の修正を必要とされることもあろうが、社員一人一人の多様性を許容しようとすることは、会社で働く社員一人一人の一層の幸福につながるものであると考えるとともに、Diversity を進める努力は、今後の事業展開で顧客の多様なニーズに対し、より一層きめ細かく応えようとする、会社の基本戦略にとっても良い効果をもたらすものと確信する」としている。

第5章
海外で優秀な人材を確保する方法

現地での採用活動

　海外での日本企業の成功は、駐在先でいかに優秀な現地の人材を確保するかにかかっている。しかしながら、実際に駐在先で採用活動を行うと、多くの駐在員はまず募集そのものに大変苦労をする。ある時、日本の商社マンで、長年アメリカの現地法人で採用の責任者もされていた方から、こんな話を聞いた。

　「日本では、わが社は超一流とは言わないが、社名を言えば大抵の人は聞いたことがある会社だった。採用は新卒採用が主体だが、いわゆる有名大学から多くの学生が志望してきており、その中から優秀な学生を選べば良かった。必要がある都度、不定期に行われる中途採用にしても、新聞広告を出せばある程度の応募があり、その中から募集している職種に適した人材を選べば良かった。応募者を集めることに苦労したことはなかったし、彼らはわが社がどういう会社かはある程度は知った上で応募してきた。海外では残念ながら、わが社の社名を言ってもほとんどの人は知らない。したがって、募集してもなかなか優秀な人材が集まらない。応募者には、まず会社の説明から始めなければならない。現地での採用には本当に苦労した」

　同様のことに悩む日系企業は多いはずだ。日本では誰でも知っている企業が、現地ではほとんど無名の企業となってしまう。日本では黙っていても優秀な人材が多数応募してくるが、現地では優秀な人材はまずは地場の大手企業を目指す。現地に進出する日本企業は最初から大きなハンディキャップを負っている。優秀な現地スタッフを採用したいといっても、まずは採用活動の出発点から高い障害が立ちはだかっている。さて、どのように工夫すればよいのだろうか。

現地社員の募集広告

　まずは、すぐにでも優秀な人材を採用したいという目の前の課題の解決について見てみよう。最初に思いつくのは、新聞、雑誌などへの募集広告の掲載である。これは、一般的には、ごくエントリーレベルの人材募集に限ればある程度効果があるといわれる。募集広告の掲載料はそれほど高額ではないものの、活用範囲はおのずと限られてくる。ましてや現地では知名度の低い日本企業である。最初から大きな効果はあまり期待できまい。

　仮に、採用予算などの制約などから、新聞、雑誌を活用する以外には手段がないというのであれば、せめて募集しようとする職種と掲載される新聞や雑誌の標準的な購読者層との関係を検討しておくことをおすすめする。

　私は知名度がほとんどない新興企業がIT専門雑誌にシステムエンジニアの募集広告を出して成功した事例や、製薬業界の業界紙に募集広告を出して中堅のMR（Medical Representative、メディカル・レプリゼンタティブの略で、製薬業界で医師や卸に対して薬剤の情報を提供し、その薬剤のセールスプロモーションを行う専門職種のこと）の採用に成功した事例を聞いたことがある。この程度の工夫はぜひとも考慮してほしい。また、日本では法的には難しいと言われているが、募集する会社名を隠したBlind advertising（ブラインド・アドバタイジング、社名を記載せず、たとえば、「日系の大手電機メーカー」のような表現で行うやり方）も、知名度の低さというハンディキャップをカバーする手法であろう。

　欧米のマーケットでは、インターネット上のオンライン求人広告の活用も選択肢となる。雇用者側の求人情報と仕事を探す人々の情報をマッチングさせるようなオンラインサービスが複数あり、企業は少額の手数料でこのオンラインの求人サイトに自社の募集広告を掲載することができる。応募書類の数を集めるには、このオンライン求人サイトは有効だ。

　しかし、オンライン求人広告ではネット上の応募手続きの簡便さもあり、応募者は一度に複数の求人に対して気軽に応募する。したがって、担当者は数多くの履歴書・職務経歴書を読むことになる。日本からの駐在員にとっては、履歴書・職務経歴書を読み分け、応募者の善し悪しや志望の強さを判断

することはなかなか難しい。

　また、即戦力募集のため経験者限定と条件づけても、かなり多くの未経験者がチャレンジしたいと堂々と応募してくる。会社の要求する能力と経験を兼ね備えた候補者を探し出すには、大変な労力がかかる。エントリーレベルの大量採用でもない限りは、この手段もあまりお勧めできない。特にアメリカは雇用差別に対する法的規制が日本にくらべると厳しいので、雇用条件をオンライン求人サイトに掲載する際には、雇用差別に抵触しないように注意を払う必要がある。

ヘッドハンターの活用

　手数料はかかるが、人材紹介会社、俗にいうヘッドハンターを利用する手がある。現地での知名度も低く、また、採用に関する法的規制や労働市場を熟知していないような日系企業の場合は、ヘッドハンターの活用が一番効率的であろうと思う。

　ヘッドハンターには、社長・役員などの上級管理職の採用を主とするRetainer型（Retainer Fee（リテイナー・フィー）＝着手金を伴うヘッドハンター）と成功報酬型の人材紹介会社の2種類がある。

　Retainer型は、会社の経営者（Executive）クラスの採用で主に活用される。たとえば、ある企業が新しいCEOの採用を計画しているとしよう。CEO（Chief Executive Officer）は文字通りその会社の最高の執務責任者であり、もっとも重要な職責を担うポジションである。採用に失敗は許されず、人選には慎重を期す。ポジションの重要性を考えれば、選ぶ側はできれば2人以上の優秀な候補者に面接、その中で最善の選択をしたいと思う。こんなときは、Retainer型のエージェントの登場となる。彼らはまず会社に対してCEO採用にあたっての排他的な契約の締結を要求する。この契約期間中は、会社はそのエージェントにCEO採用の全権を委ねたことになり、他のエージェントを利用したり、クチコミなどの手段で会社が勝手にCEOを採用することはできない。

　Retainer型エージェントへの手数料は、そのCEOに用意する初年度の年

収の30％から35％程度が相場だ。ここで言う初年度年収とは、基本給をはじめとする、契約締結時に会社がCEOに約束した確定年収をいう。初年度の会社の業績に応じて役員賞与を支払うことが契約書面上で約束されていたとしても、賞与額の決定はあくまでも会社の業績次第と記載していれば、入社時には金額が確定していないので、エージェントの手数料計算の対象には含まれない。

　しかし、契約書で役員賞与額を説明する際に、少なくとも基本年俸の○○％の賞与を補償するなどというような記載があると、この補償された役員賞与額はエージェントの手数料計算の対象に含められることになる。変動要素のある報酬については、手数料の対象とするか否かで、エージェントと後からもめるケースもある。

　手数料の支払いに関して言えば、エージェントとの契約締結時に、手数料総額の3分の1を前払いすることが要求される。仮にこのエージェントがCEO採用に失敗したとしても、この前払い費用はいっさい返還されない。100万円を超える手数料を"どぶに捨てる"ことにもなりかねない。

　そのため、Retainer型のエージェントを選択する場合は、業界における評判や、会社の属する産業に強いコネクションを持っているかどうか、また、実際に担当するヘッドハンターの能力や資質までも十分に吟味する必要がある。

　採用活動を開始するにあたり、担当するヘッドハンターは最初に企業と綿密な打ち合わせを行い、企業がCEOに要求している能力、資質、経験などを詳細にわたりヒアリングする。また、そのCEOに対する処遇条件、基本年俸、賞与、退職した場合の条件、福利厚生などについても協議を行い、会社の予定している処遇水準が、会社が求める人材を採用するに当たり十分な金額であるかについてもアドバイスを行う。

　最適な人材を獲得するには、その労働市場で十分に競合するだけの金額を用意しなければならない。このクラスの人材となると、Signing Bonus（サイニング・ボーナス）と称して、入社時に特別ボーナスを支給することも珍しくない。この候補が他社の役員であり、たとえば、その会社を退職してすぐ

にA社に入社するには、その会社におけるストックオプションなどのいろいろなベネフィットをあきらめなければならないような場合は、その損失を、機会損失も含めて、どこまでA社で補償するのかというようなことまで、検討する必要がでてくる。

サーチ開始後、通常は30日から60日以内でショート・リスト（Short List）と呼ぶ、5～6人程度の候補者のリストが用意される。ヘッドハンターは、会社の要求に合致しそうな候補者と面接を重ね、会社の要求にもっとも合致しそうな候補者をこのショート・リストにあげてくる。ショート・リスト提出の時点で、通常は3分の1の手数料の支払いを要求される。

会社はこのリストに添付されている履歴書、職務経歴書を分析・検討して、ヘッドハンターとの打ち合わせを通じてさらなる情報を入手した上で、実際に面接を行う候補者を決める。

候補者全員と面接を行い、候補者の絞り込みも終了すれば、雇用契約の締結となる。ヘッドハンターは会社と採用予定者との雇用締結に至るつなぎ役も果たしてくれる。ヘッドハンターは採用予定者が滞りなく会社に入社するまでを見届けた上で、最後の3分の1の手数料を会社に請求する。

Retainer型のサーチ会社は、おおむねこのような動き方をする。内幕をいえば、ショート・リスト提出は、3分の1の手数料請求の条件なので、予定した数の候補者のリストアップに苦労する場合は、俗に言う"はずれ"の候補者が紛れ込むこともないわけではない。ヘッドハンター自身も、このサーチ活動で収集したいろいろな周辺情報と、これまでのリクルーターとしての経験などをもとに、自分なりにList掲載候補者の優秀さをさらに弁別している。彼らと親密になり、信頼関係を築くことができれば、このような情報を引き出すことも可能である。

成功報酬型の人材紹介会社は、前払い費用などは発生せず、手数料全額を、紹介した候補者が無事その会社に入社した時点で支払うという点がRetainer型のサーチ会社と大きく異なる。手数料の前払いが必要ない分、採用が失敗した場合に無駄なコストが発生するリスクはないが、Retainer型のようなShort Listを提出することもしない。排他的な契約なども要求してこ

ない。その代わり、自分の手持ちにマッチする候補者がいないと、それ以上のサーチ活動を積極的にはしないことが珍しくない。したがって、成功報酬型のエージェントは複数を並行して活用し、動きの鈍いエージェントは新しいエージェントにとりかえることが必要であろう。即戦力の中堅社員、ミドルクラスのマネージャー採用には、彼らの活用を勧める。

　手数料は、採用予定者の初年度年収の25％から33％程度である。注意したいのは、一つの求人に対して初めから複数の候補者を示してくるエージェントである。このような"数打てば当たる"スタイルのエージェントは、候補者の履歴書は持っていても、候補者と面接したこともないことも珍しくはなく、信頼性に欠けるのであまりお勧めできない。成功報酬型といえども、求人について事前に会社側と十分に協議を重ね、エージェント自身が事前に候補者と面接をした上で、その会社にもっともマッチすると判断した候補者を絞り込んで推薦してくる、というエージェントの活用をお勧めしたい。推薦してきた候補者に対してこちらがダメを出すと、彼らはその理由を細かく尋ねてくる。こういう情報を積み重ねて、その会社に最適な人材を探しだそうと努力する。このようなエージェントは、安心して一次面接をゆだねることができる。こういうエージェントを選択して活用すべきである。

　私のこれまでの経験からいっても、現地の労働市場に対する十分な知識や経験もない海外駐在員にとっては、会社の事業ばかりでなく、社風なども十分に理解してくれるヘッドハンターは力強いパートナーになる。採用は会社の業績を左右する重要な人事案件であるので、採用活動の成功を占う上で、有能なヘッドハンターの存在はかかせない。

　彼らが会社の事業戦略を正しく理解しており、会社の文化、風土まで的確に把握し、会社に適合する候補者を探し出してくれれば、知名度の低さなど採用戦線でのハンディキャップを補うには十分なものがある。

　そればかりでなく、彼らは会社の属する業界事情、特に競合他社についての貴重な情報源にもなり得る。私は競合会社の開発とマーケティング部門の優秀者を主要なターゲットに据えた採用戦略を展開したこともあったが、このような際には、気心の知れたヘッドハンターの存在はかかせない。本当に

頼りになるヘッドハンターは、本社に出張させることまで検討しても良いのではないかと思う。

最後にヘッドハンター活用に際しての注意事項をいくつか。

①入社した候補者が入社直後に退職した場合、彼らがどこまで補償するかについては、ヘッドハンターとの業務委託契約で事前にはっきりと決めておく。通常は、入社後少なくとも3か月～6か月以内に候補者が退職した場合は、無償で同等レベルの候補者を推薦する、もしくは手数料の全部または一部を返金するような条項を契約に盛り込むことが多い。

②次は、自社の社員は彼らのビジネスの対象とはしないという、活動制限条項である。エージェントによっては、社員の方から接触してきた場合はこの活動制限の例外となる旨を盛り込むことを主張するところもあるが、少なくとも彼らの方から社員に接触しないことは約束させるべきである。

③同業他社や同じ日系企業、地場企業の人事担当者と十分に情報交換を行い、エージェントまたはヘッドハンター個人のブラックリストを自分なりに作成しておくこともお勧めする。ヘッドハンター業界でも、俗にいう行儀の悪い人（ビジネス上の最低のモラルを踏みはずすような事例）や、手数料稼ぎを最優先するようなエージェント、また、候補者の情報管理が粗雑なところなどが存在する。

④特定のエージェントに大きく依存する事例を見るが、これは考えものである。実はヘッドハンターと人事責任者が癒着するスキャンダルは結構多い。両者が癒着していれば1人のヘッドハンターが採用案件を独占することができる。たとえそんなことはいっさいしていなくても「李下に冠を正さず」というたとえもある。くれぐれも用心されたい。

人材調達に際してのハンディキャップの克服

ここまでは、人材の調達手段として、新聞などによる公募、オンライン求人広告、ヘッドハンターを紹介した。

それらの人材調達手段の中では、ヘッドハンターの活用が有効であると結

論づけた。Retainer型のExecutive Search（エグエクティブ・サーチ）と称されるヘッドハンターは会社の経営陣やシニアマネージャークラスの人材調達に、成功報酬型のヘッドハンターはシニアマネージャーから中堅スタッフレベルまでの人材調達に適しており、これらを使い分けることが効率的であるとした。

　会社は、優秀なディレクターやマネージャーだけ揃えても、企業活動は営めない。ジュニアレベルのスタッフやアシスタントも必要となる。私も最初の海外駐在の時、まだ20代だったが、日本にくらべると2階級特進するという海外駐在の原則に従い、アシスタントがついた。最初のアシスタントは日系企業での就労経験もあり、呼ぶと「ハイ」と応えるなど、初めての海外赴任でなにごとにも不慣れな私には力強い存在のように思えたが、しばらくすると肝心の事務処理能力にかけていることが分かった。簡単な集計も間違えるし、コピーをたのめばページが飛ぶ、加えて時間にルーズだった。

　このようなジュニアスタッフレベルの調達に際しても、日本企業は現地企業にくらべると様々なハンディを負っている。現地における企業としての知名度の差や、労働法、労働市場等々採用に関して必要な情報の格差はいうまでもないが、実は採用面談の精度という点でも、日本人駐在員はかなり苦戦するのではないだろうかと感じる。語学力だけを見れば、日本人駐在員の諸氏は優秀な方々が多いと思う。しかし、面接となると語学力だけでは対応できない。これがもっと上級のマネジャークラスやスペシャリストであれば、お互いの専門分野について応酬することで割と正確に戦力のレベルが判定できる。しかしながら、アシスタントなどのジュニアスタッフのレベルとなると、まず重要なのは人柄や執務態度、基本能力である。これを見抜かなければならない。

　私は結局、履歴書にある日系企業での職務経験を買って最初のアシスタントの採用を決定したが、履歴書情報で採用を決定するのであれば面接の必要などはないのである。私のつたない語学力の問題だけでなく、実はその人柄を見抜くような面接を行うことができなかったのである。

　日本での新卒採用では結構人柄を見抜くことができた。それは、ゼミやク

ラブ活動、アルバイトなどについてあれこれ尋ねたり、また、流行の歌、映画、スポーツの話題を投げかけ、相手をリラックス（油断？）させながら観察するなどのテクニックを使い、相手の人柄や執務態度、基本能力を推し量り、優秀な学生を選ぶことがある程度はできた。しかし、文化も習慣も違う赴任先では、ましてや現地での最近の流行などにはとんとうといので、アシスタントの面接で使えるテクニックは一つもなかった。

　加えて、面接回数の問題もある。ディレクターやマネージャークラスと同じ面接回数をアシスタントクラスの採用に振り向けることはできない。せいぜい2回も面接すれば十分というのが現状である。面接に来る候補者もそのつもりだ。こちらが念には念を入れてもう一度面接をしましょうなどと言えば、他社が先に決まったからそちらに行きますと逃げられる。採用決定までにそれほどの手間はかけられないというのが実情である。

　派遣会社は、これらのハンディキャップを解消してくれる。企業ごとの個別の事情、ニーズを事前の打ち合わせで十分に汲み上げたうえで、それぞれの企業に適したアシスタント候補を推薦してくれる。私がかつて悩んだ採用の一次面接も派遣会社が代行してくれるし、万一派遣されたスタッフが会社の要求水準に合致しない場合はただちに代わりのスタッフ候補を提供してくれる。アシスタントやスタッフの採用では派遣会社を積極的に活用することをお勧めする。

日本の派遣法

　日本の派遣法は1985年に成立、翌1986年から施行された。この時に、人材派遣という法律用語が生まれ、派遣という就労形態が法的に初めて認知された。

　この1986年の派遣法施行当初の派遣は、原則禁止扱い。例外的にポジティブリストで特別に認められた一部の業務のみに派遣という就労形態が認められた。それ以外の業務についての派遣は禁止されていた。その後このポジティブリストは順次法改正により拡大され、ファイリング業務、機器操作など特定26業務についての派遣が認められるようになった。

その後、1999年に派遣法が大きく改正されて、特定26業務以外にも派遣が解放された。この時に派遣業務は原則禁止から原則許容となり、従来のポジティブリストから派遣業務が特別に禁止されるネガティブリストへのコペルニクス的大転回が行われた。今では警備、港湾などの一部の特殊な業務を除いて、ほとんどすべての職種に人材派遣が解禁されるに至った。

しかし、1986年の派遣法が施行される前から、一部の産業では実質的に人材派遣が行われていた。たとえば、デパート業界におけるマネキンやホテルの宴会場などでの配膳会と言われる業界では、派遣法施行前から会社が雇用した社員をデパートやホテルに派遣していた。ところが、1986年の派遣法が施行された際に、これらの業務はポジティブリストには加えられなかった。従来の産業を保護するというような考慮はいっさい行われず法律は作られた。その結果、法的には派遣法が原則解禁される1999年までは、マネキンや配膳会は従来通りの業態で事業を続けると派遣法違反に問われるという奇妙な状況に陥った。彼らからすれば、ニーズがあり、商売が成り立っていたところ、ある日突然、それは法律違反だと決めつけてきたことになる。この商売が、法的に問題ないと認知されるのは1999年。足かけ14年を費やしたことになる。

私はマネキン大手の会社社長に、「14年もの雌伏期間は長かったですね」と尋ねたことがあるが、彼は「あまりにひどいピンはねや低賃金など、目にあまることをしない限りは、行政はそのまま黙認してくれましたよ」と笑いながら答えてくれた。結果として、マネキン、配膳会などの多くの会社は、1986年から1999年までの"違法"時代も従来と同様の派遣の形態を維持しながら、目立たないように粛々と商売を続けていたのである。こうして見ると、実際は、国は既存産業にある程度の配慮はしてくれていたのである。

しかしながら、このような行政のやり方は外部から見れば不透明である。日本市場に進出してきた外国企業の外国人駐在員には理解できない。あいまいな行政による管理の典型例だといえよう。

派遣法だが、その後も改正が繰り返されている。これまでの派遣法改正の原則は"派遣労働者は正社員などに比べると弱い立場"であるから、法に

よってこの弱者を保護しなければならない、というものと言えよう。確かに"弱者"を法で保護することは大切だ。しかしながら、一方で企業は市場の急変や熾烈なライバル企業との競争に常に晒されており、生き残るためには、最大のコストでもある人件費にも、ある程度のバッファーを必要としている。不況時に、正社員の雇用をまず優先して守るため、非正規の労働力を調整すること自体は非難されるべき行為ではないはずである。

欧米では非常識な日本の派遣法

　アメリカを見ると、Temp Staff（テンプ・スタッフ）の名で、日本と同じように派遣会社に雇用され派遣先各社で就労する派遣という就労形態は定着しており、さらに言えばアメリカと同じく、イギリス、カナダ、オーストラリア、オランダなどでも派遣法は存在せずに派遣という就労形態が根付いている。

　これらの国では、日本の派遣村のような事態は起こり得ないのであろうか？　法の規制が全くないため、理屈の上では大量の派遣労働者の失業という事態はより容易に起こりえるといえる。アメリカの統計を見ても、派遣労働者は景気の後退局面では正社員以上に人員削減され、景気の上昇局面では正社員以上に増員されるという実証データもある。アメリカでも派遣労働者は景気の調整弁として活用されているのだ。

　しかし、アメリカでは日本の派遣村に代表される議論は起こらない。

　アメリカは、随意雇用・随意解雇（Employment at Will）が原則の国であるので、正社員であっても、景気の変動に応じて削減されたり雇用されたりするのが当たり前である、という日本とは異なる事情がある。加えて、Temp Staffとはもともと景気の変動の調整弁としての役割であるということを事前に派遣労働者も承知の上で、派遣契約を締結していることも大きな要因として考えられる。

　いわば派遣という契約概念に対する正しい理解が労働者も含めて広がっているので、不況時に彼らの派遣契約が解約されたとしてもこれは当然のことと受けとめる。もし、日本でこういう状況であれば弱者救済としての保護論

議が起きることは必定のように思える。

　次にEU加盟各国の状況を見ると、職種、業種の制限はほとんどないか、あるいは撤廃されつつある。一部の国に危険職種と公的業務への派遣制限がある程度だ。活用の制限はある。たとえば、フランスでは派遣は臨時または一時的ニーズにおける限定的活用に制限されている。そのため派遣期間は最長18か月までとされ、原則1回更新ができる。ベルギーも同様に派遣期間制限があり、事情により3か月や6か月の派遣期間が定められ、これも事情に応じて更新が認められる。対して既述のようにイギリスは原則自由、何でもありである。概して言えば、EU加盟諸国での派遣事情も日本とくらべるとはるかに規制がなく自由である。

　さてこうして見ると、巷間盛んに議論されている派遣法の改正については、欧米ではどう見るだろうかと疑問に思えてくる。

　先日、米系企業のアメリカ人人事部長が、日本における派遣村の報道、それに続く派遣法改正を「Non Sense（ナンセンス）」の一言で切り捨てた。製造業派遣を禁止すれば、直接雇用の非正規の労働者が増えるだけであると予測した。さすがに彼女は来日してまだ日が浅いためか、実質派遣のまま業務委託契約でやりくりするという、日本独特の融通無碍の解決策までは思い当たらなかったようだが、「企業は必ず景気の変動に直面することになるので、必要人員の解雇が難しい正社員のみで調達するなどという愚かしい手段をとる経営者はいないはずだ。派遣が禁止されれば、企業は別の変動費的な人員調達方法を見つける。ましてや製造業には正社員派遣（正しくは常用労働者派遣）しか認めないとなれば、昔の臨時工が再現するだけだ。派遣村のかわりに臨時工村ができる」とまで皮肉った。

　この意見は極端かもしれない。しかしながら同じ人事の専門家として、昨今の派遣法改正論議に対するこの意見は傾聴に値する。人材派遣という欧米と共通の就労形態一つをとっても、日本と比較して彼我の格差はかくも大きい。日本の常識が海外では通用しないはずである。

第6章
外国人と日本人の労働意識

リストラの美談が法律違反になる?

「企業の一生は人の一生よりも短い」。

私が社会人としてスタートした時、法人顧客の審査を永年担当していた大先輩から教えられた言葉である。確かに、企業の盛衰にはめまぐるしいものがある。少し前は拡大路線を走っていた会社が今では採用を中止しているなどということは珍しくはない。生き残りをかけて、場合によっては、経営者は人員の削減を決断しなければならないこともある。そんな経営者にとっても、リストラはつらい決断だ。一度雇った社員にはできるだけ長く働いてほしいと思うのは経営者共通の願いである。しかしながら、会社を存続させるにはリストラに手をつけなければいけないような事態もある。もちろん、一番つらいのは経営者ではなく、リストラの対象となる社員ではあるが、決断する経営者も断腸の思いであろう。

ずいぶん前のことだが、そんな事態に直面した経営者の方から相談を受けた。

その社長は、「長い間苦労を共にした社員でもあり、この会社を辞めた後のご家族の生活までを考えると大変つらい。そこで彼らの再就職活動には、私個人としてもできるだけのお手伝いをしたいと思う」「会社の取引先をはじめとして、私がよく知っている会社の社長さんたちに、できるだけわが社の社員を雇ってもらうようにお願いして回ろうと思う」「大変なのは私から会社を辞めてほしいと言い渡される社員なのだから、せめて社長である私が彼らの再就職のために、汗をかくのは当たり前のことだ」といわれた。

別の会社では、役員報酬の引き下げなどはいっさい行わず、経費削減を目的に簡単に人員削減を行おうとしている例などを見るにつけ、この社長の言

動は立派だと思う。しかしながら当時の労働局（職安）はこの行為を好ましくないとした。この立派な行動が日本では法律違反となり1年の懲役になるかもしれないのだ。

　社長の行為は、社長が再就職先を求める社員の「求職活動」と、その社員の雇用に応じようとする知り合いの会社の「求人活動」を「斡旋」したとみなされると、その社長が厚生労働大臣の事前の許可を得ていない限りは（まず厚生労働大臣の許可などは得ていないはず）、職業安定法の職業紹介行為に該当するとみなされ、職安法第4条違反となる。この違反は同法第64条から、1年以下の懲役または100万円以下の罰金となってしまう。

職業紹介行為と職業安定法

　日本では、就職先を斡旋するような行為は職業紹介として、厚生労働大臣の認可がないとできない。求人（会社が人を採用しようとすること）および求職（人が会社に就職しようとすること）の申し込みを受け、求人者（会社）と求職者との間における雇用関係の成立を斡旋することを、職業紹介として定義し、職業安定機関（いわゆるハローワーク）以外が職業紹介を行おうとする場合、その職業紹介行為の報酬を受け取る場合であっても（職業安定法第4条第3項）、手数料など受け取らず無料で行う場合であっても（同法第4条第2項）、厚生労働大臣の許可なしには行えない。これに違反した場合、1年以下の懲役または100万円以下の罰金となる。

　確かに、職業紹介行為をいっさいの制限をかけずに放任していると、甘い言葉に誘われて就職した会社で労働者が低劣な労働条件を強いられたり、実際の仕事が事前に聞いている話とは異なり、かなり厳しいものであったというようなことも起こり得るだろう。その意味で職安法が職業紹介事業に対して厚生労働大臣の許可を求めるということの意義は認める。

> **閑話休題**　前述のリストラの話に後日談がある。私が社長の行動が職安法違反に触れずに済むにはどのようにすれば良いのかを厚生労働省の担当者に相談したところ、「あくまでも再就職先候補の一つとして、社長が見つけた会社の求人情報を、社内の掲示板に貼り出す程度に留めてください。再就職先情報の提供に留め、再就職活動は社員が自ら行うようにしてください。相手先の社長に社員の雇用をお願いしたりするような行動は慎んで頂き、社長が再就職先情報の提供以上に社員の再就職活動に積極的に関与しないように注意をしてください」という回答。「仮に、リストラされる社員が社長に再就職先の紹介をお願いしますと頼んできたら？」との質問には、「社員の依頼があったからといってもそのような行動は職安法に抵触する恐れがあります」と。私のところには、リストラを言い渡されて再就職活動に苦労されている方々も相談に来られるが、1年以上頑張っても再就職先などは見つからないことが珍しくない。再就職できたとしても、給与が大幅に減ってしまうことも多い。全く知らない会社に入り、結局はなじめずに退職してしまうこともある。

身近にある職安法のワナ

　会社が社員に対して、入社希望者を紹介してもらうような、いわゆる社員紹介運動は運営の仕方によっては職安法違反となる。

　典型的な社員紹介運動は次のような検討を経て実施される。業歴がまだ浅いとか、知名度がまだ低いなどの理由から、通常の公募採用ではなかなか良い人材が集まらないような場合、社員の持つコネクションを活用して、社員に入社希望者の情報を提供してもらうことを思いつく。社員であれば、会社の仕事はもちろんのこと、会社のビジョンやミッション、カルチャーまでも熟知しているし、正確な会社情報を入社希望者に提供することができる。その意味では、入社してもらったが、「こんな人とは思わなかった」とか「思っていた仕事と違う」というような会社と社員、それぞれの思惑の相違などが生じる事態は避けられるだろう。優秀な社員であれば、紹介してくる候補

者も同じように優秀である可能性もでてくる。

　ハローワークや新聞公募などに頼ると、履歴書はたくさん集まるが、選ぶのに苦労する。履歴書の大半は面接前に履歴書審査で不合格となっている。それよりは、社員紹介運動の方が、はるかに会社にマッチした入社希望者が集まると期待できる。社員紹介運動の効果を高めるために、紹介1件につき××万円、紹介した社員が入社した場合はさらに○○○万円の報奨金を出そう。ハローワークや新聞公募にしても、大量の履歴書を人事部がチェックするだけでも大変な人手がかかる。ヘッドハンターに頼れば、1人につき年収の3割近い手数料を払わなければならない。それらを考えれば、この社員への報奨金など会社にとっては安いものである。

　こんな検討を経て実施される社員紹介運動だが、職安法（報酬の供与の禁止）第40条は「労働者の募集を行う者は、その被用者で当該労働者の募集に従事するもの又は募集受託者に対し、賃金、給料その他これらに準ずるものを支払う場合又は第36条第2項の認可に係る報酬を与える場合を除き、報酬を与えてはならない」と定めており、就業規則（特に給与規定）に工夫が必要となる。これをしないと、職安法違反となる。しかしながら、紹介運動のインセンティヴが、給与の一形態として位置づけられるのは、人事労務の実務者としてはいささか場違いの感がぬぐえない。給与、賃金とは労働の対価であるが、社員紹介運動は、本来の個々の社員に課せられた業務とは別のものであり、これを給料や手当と同等のものと位置づけ、給与の一種とすることに違和感を覚える。

社員紹介運動は海外では積極的に活用すべし

　社員紹介運動が法律違反になるという構図は日本の常識、海外の非常識であると言える。日本上陸してくる海外企業の外国人人事部長が「Why?」と言って、目が点になる事例の一つだ。

　これまで、日本企業が海外拠点で人材を調達する際の難しさについて話をしてきた。知名度で地元企業にくらべるとハンディキャップがあり、実際の採用面接でも言葉の問題を筆頭に難しさを抱えながらも、少しでも優秀な人

材を採用しようとしている海外現場では、この社員紹介運動は有効な施策である。苦労した挙句、ようやく入社してもらい何とか会社に定着したローカル社員のコネクションは有効である。職務内容だけでなく社風なども含めて、そのローカル社員が事前に入社希望者に説明してくれれば、その後の選考から入社に至るプロセスは効率よく進められる。もちろん、社員が紹介した候補者をそのまま無試験で採用するのではなく、あくまでも採用試験に合格して会社が適材と判断した者だけを採用するということは、最初からはっきりしておかなければならない。社員紹介運動を悪用され、ローカル社員の大半が1人のボスの息のかかった人間で占められたり、ローカル社員同士で派閥が形成されるような事態はさけなければならない。運用面ではそのような点に留意しつつも、優秀な社員が優秀な社員候補を連れてきてくれるこの社員紹介運動は、十分価値あるものだといえる。

入社誓約書

4月、毎年多くの新卒新人が入社する。入社に当たって、新入社員から誓約書の差し入れを求める会社は珍しくない。入社誓約書には新人一人一人に署名捺印を要求することになる。本人が誓約の証として署名捺印するのであるから、手続きとしてはきわめて厳正なものであるはずだが、実際の誓約書の提出は、短時間で事務的に済まされる。誓約書の文章を隅から隅まで熟読して、「約束することができるか？」と悩む新人は一人もいない。誓約書が当たり前のことを要求しているからである。文面はいたって簡単なものが多い。典型的な入社誓約書は「私は会社の就業規則を遵守し、上司の指示を守り、先輩・同僚と協力して、自分の職務に精励することを誓約します」というような内容で、入社して組織の一員として働くのであれば誰でも当然と思えることが記載されているにすぎない。その意味では、誓約書という名前はついているが、その扱いは軽い。

事実、入社後、社員が不祥事などを起こしたとしても、会社が誓約書をたてにとり、その社員に「あなたは誓約に違反している」と言うようなことは聞いたことがない。不祥事に当たっては、会社は会社の就業規則に従って、

事実を確認し、弁明の機会を与えた上で、粛々と就業規則に則って処分を決定する。ここで就業規則が会社の取り扱いの基本となるのは、別に誓約書に「就業規則を遵守し」と誓約しているからではなく、就業規則が会社と社員の労働条件等を包括的に記載しているもので、その会社の社員すべてに等しく適用されるからである。やはり、入社誓約書は会社の人事の中では"軽い"のである。誓約書の文言を正確に覚えている社員はまず皆無であろうし、中にはその他の入社手続きの煩雑さから、入社誓約書を差し入れたことすら忘れている社員もいる。

Code of Conduct（コード・オブ・コンダクト、行動規範）

　海外を見てみよう。グローバル企業の大半は、入社時に社員にCode of ConductまたはCode of Ethics（コード・オブ・エシックス、倫理規範）を配り、入社後その内容を熟読した上でその記載内容を遵守する旨の誓約書の差し入れを要求する。Code of Conduct、Code of Ethicsと呼び名は違っていても、内容は同じである（以後Code of Conductと呼ぶことにする）。

　Code of Conductは、会社にとって特に重要であると位置づけている社員の行動基準を具体的に記載する。社員にはCode of Conductの記載に従って行動することを要求し、社員はCode of Conductに従うことの証として、誓約書に署名する。また、Code of Conductは、アメリカのトップ1,000社の97％がすでに導入しており、ヨーロッパ系会社でも、特にグローバル会社ではほとんどが導入済みである。入社時に差し入れ、その遵守を約束するのであるから、これも一種の入社誓約書であるが、日本の常識的な入社誓約書とは全く異なる。日本の常識はここでも通用しない。

　海外人事に携わっている人でもCode of Conductはおなじみではないかもしれないので、典型的なCode of Conductを紹介しながら、分析してみよう。

　Code of Conductは、その会社で働くすべての社員に適用される。正社員であろうと、契約社員、パートタイマー、アルバイトであろうと例外はない。また、役員にも同様に適用される。会社が複数の関連会社を有する場合は、グループ会社全部に適用されるものとなる。就業規則が労基法を根拠と

して制定されるという、日本法人にのみ適用されるものであるのに対して、Code of Conductは国籍を超えて、その会社グループに属する全ての会社に適用されるものであるという位置づけになる。その意味では就業規則よりも上位に置かれる[*]。

> [*] 外国会社の日本子会社を考える場合、Code of Conductと就業規則の関係を整理するのは結構厄介な作業だ。前述の通り、会社グループ全体では、Code of Conductを―日本子会社の就業規則よりも上位に置く。Code of Conductに違反する社員は、厳しい懲戒処分の対象となる。しかしながら、日本では就業規則にその定めがない場合は、懲戒処分を行うことはできない。Code of Conductを就業規則に組み入れれば問題は解決しそうだが、いったん、就業規則に組み入れてしまうと、Code of Conductを必要に応じて変更する際に、日本法人はいちいち就業規則改定の手続きを踏まなければならない。

Code of Conductの内容は、通常はCompliance（コンプライアンス、法令遵守）担当の部署で審議され、会社の取締役会で決定される。決定されたCode of Conductは直ちにすべてのグループ内の会社に伝えられ、グループ会社の全社員に内容が周知される。なお、違反した場合は懲戒解雇も含めた懲戒処分の対象となることも必ず明記される。

Code of Conduct（行動規範）の内容

Code of Conductの内容は会社が独自で検討、決定するもので、これといった定めなどないのだが、多数のCode of Conductを読んでいると、結構共通項が多いことが分かる。

まずは、原理原則から始まる。会社としての基本姿勢を謳う。抽象的文言の羅列となることが多いが、会社の社会的責任、社員の社会の一員であることの自覚などに触れ、誠意ある行動、社会への貢献などを約束する。

日本の会社は就業規則の総則でよく法令順守を謳うが、Code of Conductは各国の法令遵守は当然のこととし、さらに法令を上回る行動規範や倫理基準を持つことを宣言することも珍しくはない。

各論では、たとえばステークホルダー別にそれぞれに対する会社の行動規範を示したりする。まず最初のステークホルダーは社長。社会との関係で

は、地域社会との良好な関係の構築や反社会的勢力との関わりを持たないことの約束などを行う。最近では環境問題に対する会社の姿勢についての記述も見られる。

次のステークホルダーは、顧客や仕入れ先といった顧客以外の第三者。顧客に対しては、その会社の商品やサービスについての品質保証と、顧客志向、顧客重視の姿勢を明示する。顧客とのトラブルや顧客からのクレームに対する会社としての誠実な対応も約束する。顧客や顧客以外の第三者に対する過剰な接待、供応を慎み、彼らから社員が個人的に便宜を受けることを禁止する。特に官公庁の役人に対する接し方については、接待禁止など民間会社相手よりも厳しい姿勢を貫くことを示す。

それ以外のステークホルダーとしては、株主、社員があるが、株主に対しては、適切な情報の的確なタイミングでの発信とインサイダー取引の厳禁を約束し、社員に対しては、差別を排除した公平・公正な人事処遇の実現と、セクシャルハラスメント、パワーハラスメント、その他いっさいのハラスメント行為を厳禁することを明言する。

最近の傾向としては、機密保持、不正競争防止についても触れる会社が多い。コンピュータ、インターネット等の情報処理手段を活用すれば、瞬時に会社の持つ重要な機密情報が第三者の手に渡ってしまう時世である。知的財産はもとより、事業計画、新製品の研究開発情報、顧客リスト、社員情報など、第三者に漏えいしてはならない情報は多い。不正競争防止の観点で興味深いのは、競合他社への転職制限である。職務や職位によっての違いはあるはずだが、退職後2年程度は競合先への転職を制限することはいまや珍しくはない。

"誓約"の意味

このように、Code of Conductと日本の一般的な入社誓約書とでは、入社時に差し入れる社員の"誓約"書という形式は同じでも、その内容が全く異なる。海外において、歴史、文化、風習、生活様式等々が異なる現地の人たちと一緒に仕事をする上で、会社としてのCode of Conductを持つことは重

要である。Code of Conductにより、会社は現地で働く社員一人一人に、「あなたは何をすべきなのか」、また、「何をしてはならないか」を言葉で示している。加えてCode of Conductに違反した場合は、懲戒解雇も含めた処分となることが明示されている。

　よく言われていることだが、日本はほぼ単一民族国家であり、同一の言語、歴史、文化を共有し、加えて日本人は"阿吽の呼吸"という言葉に代表されるような、あいまいな状況にあっても自分がその時点で何をすべきかを判断し行動することに慣れている。日本人の行動規範というのは、かかるあいまいな状況にあっても成立している（あるいは"成立していた"）ものなのだろう。

　しかしながら、アメリカはいうに及ばず、ヨーロッパ諸国、中国、インドなど、ほとんどの国は複数の民族の集合体である。そのため社員として何をすべきかという行動規範を文字情報として明示しなければ、会社として一貫した規範を形成することはできない。

　別にそんなに難しいことでは。日本でも子供の頃から"約束を守る"ことは大切だと教えられてきた。親も学校も約束を守らない子供に対しては厳しくしかる。その前提として親も学校の先生も子供に守るべき約束の内容について十分に説明をしていた。大人になるにつれ、相手をしかるなどという対立的な人間関係を避けたがり、"まあまあ"という言葉に代表される状況をよしとしているために、最初に約束を確認することを怠るようになったのではないか。

　加えて、日本の会社には、就業規則というルールがある。就業規則は会社で働く上での決まりを包括的に定めたもので、会社と社員が個別に取り交わす契約よりも法的には上位に位置づけられる。万一、個別契約の内容と就業規則の内容が異なっている場合は、就業規則の内容を優先することになる。そんな法的な決まりがあるためか、日本では会社と社員との個別の約束、個別合意がどうも軽く考えられているように思う。

　海外人事の基本は個別合意の形成にあることはすでに繰り返し述べてきているが、Code of Conductについても同じである。

試用期間

　海外で優秀な現地スタッフを採用するには随分苦労する。採用予定者の年収の35％もの手数料を要求するヘッドハンターを使い採用候補者を何とか確保し、社内の面接を繰り返し、場合によっては本社にまで出張させ本社役員の面接まで受けさせて、ようやく採用にこぎつける。その間、担当する職務は何か、具体的にどのような責任を負うのか、どのような権限を与えるのか、肩書きは何か、部下はいるのか、いるとすれば何人なのか、などお互いに合意するまでとことん話し合わなければならない。

　特にカネ、基本給や手当、ボーナスなど、交渉は厄介だ。中には、まずは自分でも高いと思うような金額を会社に要求してみようという輩もいる。どうせ会社は低い金額を提示するだろうから、その後の会社との交渉で自分の希望する金額を勝ち取るには、最初は高く要求するにかぎるという作戦をとる。そんな候補者を相手に会社が妥当と考える基本給（年俸）を提示する。その職務の世間相場や会社としての考え方を説明しながらお互いに折り合いのつく金額を探っていく。金額交渉の際に忘れてはならないのはゴールセッティングだ。

　特に、最初の１年間（あるいは６か月間）に実現すべき具体的な業務目標（ゴール）を示すことは重要だ。年俸と目標はセットで提示すべきであり、これは「入社して１年間に具体的にこれだけの成果をあげないと、会社はあなたがこの年俸に見合う活躍をしたという評価はしませんよ」とはっきりと相手に伝えることを意味する。会社が想定している合格ラインを目標という形で提示するのである。場合によっては、特に営業などには、成績に応じて追加で支給されるボーナスの計算方式も合わせて提示することがある。営業へのボーナスの計算式は、インセンティヴ・ボーナス・スキームと称され、社員各自が自分の成績をもとにボーナスがいくらもらえるかを自分で計算できるのが通常のすがたである。

　こうした、押したり引いたりを何度か繰り返してようやく雇用契約書に署名をとりつけ、入社が決定する。会社と社員双方の相思相愛の結果、ようやく入社となったのだから、さぞや、社員は入社できたことを喜び、即戦力と

して活躍し、会社は会社で、その社員の活躍に満足し、結果として会社の業績も一層伸びていくかといえば、そんな絵に描いたような成功事例は残念ながらほとんどない。会社が温かくその社員を迎え入れ、社員は社員で毎日新鮮な喜びを感じられる日々が続くのは、入社して1～2か月、長くても3か月程度だろうか。最初はお互いの良いところが目につく、あるいは良いところしか見えない。

　しかし、このような蜜月期間はそう長くは続かない。時間が経つにつれて、お互いの欠点、弱点も見えるようになる。社員にとっても、会社にとっても、お互いの関係が長く続くか、短く終わるかの正念場はここからである。この正念場のマネジメントを賢く行うのに有効なものが試用期間である。

　入社直後の"蜜月"期間に、会社と社員、お互いの相性をしっかりと見きわめましょうという期間が試用期間である。実は日本の労働基準法には試用期間という定めはない。労基法第21条に解雇の予告の適用の除外の一つとして、入社後14日以内の試みの"使用"期間という表現があるのみである。この試みの"使用"期間という回りくどい表現が一般にいう試用期間なのだが、労基法では試用期間そのものは定義していない。とはいえ、労基法第21条の定めは試用期間の存在を前提としている。入社直後、会社が本採用を決定するかを見きわめる特別な試用期間があるということを前提とした上で、労基法第21条があるように思える。同条の第4号は、入社後14日以内の場合に会社が労働者を解雇する場合は、労基法第20条で定める、少なくとも30日以上前の解雇予告あるいは少なくとも30日分以上の解雇予告手当の支給は必要としないという定めとなっている。

　しかしながら、日本の場合に何とも分かりにくいのは、労基法ではっきりと定義していないためか、試用期間を満了させずに本採用を拒絶することが、そのまま解雇となると考えられている点だろう。

　試用期間中といえども雇用契約はすでに成立しているため、試用期間中の解雇も相当の事由が必要となる。試用期間後の本採用拒絶の判例を読むと、裁判所は「試用期間中の解雇に関しては本採用後の解雇より広い裁量権を認

めている」という言い方をしている。

　しかし、私にはこれまで蓄積された判例を分析しても、本採用であれば解雇できないが試用期間中であれば解雇できるという具体的な判断基準を見出すことはできない。今までの試用期間中の解雇についての紛争を見ると、
　1）履歴書等に重大な経歴詐称や隠蔽が発覚した事例
　2）能力不足
　3）勤務態度不良
　4）健康面の不良による就労不能
などが多い。これらのケースは確かに試用期間中に発生し、会社がその社員を解雇しようとしてその妥当性が争われた事例なのだが、実はこれらと同様の事例が本採用後の解雇の妥当性を巡る労働紛争としても数多く発生している。何も試用期間に限った紛争ではない。それでは裁判所が言うように、それぞれのケースで試用期間中の解雇が本採用後の解雇にくらべて容易だったかといえば、「このケースでは本採用であれば解雇できませんね」とはっきり言える事例は具体的にはなにもない。人事の実務に携わる者からすれば、「この案件は本採用後であれば不当解雇となるかもしれないが、試用期間であれば大丈夫だろう。裁判で決着をつけよう」などというようなリスクは負わないはずだ。

　日本にあっては、「試用期間中といえども、簡単には解雇できない」という考え方で実務に対応したほうが無用なリスクは回避できる。したがって、日本では試用期間中も解雇はしないということが人事労務の常識となっている。

海外にもある試用期間

　アメリカではどうだろうか。アメリカでは、試用期間をProbationary Period（プロベイショナリー・ピリオド）とかIntroductory Period（イントロダクトリー・ピリオド）と呼び、雇用に際して試用期間を設定することは珍しくない。前述しているが、アメリカではもともと雇用契約自体が、Employment at will原則（随意雇用随意解雇の原則。簡単に言えば、会社も社

員もお互いいつでも雇用契約を解消できるということが特徴）である。解雇（At will）であるにも関わらず試用期間を設定するのは、アメリカであっても、本採用となれば、理由を問わず問答無用での解雇はさすがにまずいという考え方があるからだと思われる。逆に言えば、試用期間中の解雇については、日本のような制限はない。いつでも解雇は可能である。

　私の知人のアメリカ人の人事の実務家は、Probationは特に社員がこの期間中に自分から会社に解け込み、1日も早く会社の戦力として活躍できるように自ら叱咤激励する特別な期間であると述べている。また、Probationは、オファーレターだけで雇用を決定するジュニアレベルのスタッフではなく、雇用契約書も改めて取り交わすシニアレベルの社員にとって重要な仕組みであるとつけくわえた。

　試用期間をよく"見習い期間"と言いかえる日本の常識ではシニアレベルの幹部社員に"見習い"の時期を設定すること自体がなじまないと考える向きもあるようだが、アメリカの常識はどうもその反対のようだ。

　幹部社員が1日も早く会社に解け込み会社の戦力となるためには、入社前の雇用契約の段階で、入社後の具体的なゴールセッティングが大事であるという。幹部社員がProbation期間中、自らを叱咤激励して努力するにも目標が必要で、この目標については入社前に会社と社員双方がよく話し合って合意していなければならないという。

　イギリスにも試用期間（Probationary Period）がある。アメリカと同様、試用期間自体が特別に法で定められているわけではなく、あくまでもそれぞれの契約の中で定められるべきものであるという位置づけとなっている。その意味では、本採用決定を見きわめる期間として広く活用されている。アメリカとの違いは、試用者といえどもその会社に雇用されていることには変わりがないので、勤続1年を経過すれば、不公正解雇の申し立ての権利が発生するという点であろう。勤続1年を経過すればAt willは通用しなくなるということだ。イギリスでは試用期間は3か月程度が一般的だが、より上級の社員になると試用期間が長くなることは珍しくはない。

　ドイツでは、試用期間は6か月以内とされ、試用期間中は2週間以内の事

前予告期間を設けることを条件に解雇可能とされている。

　ロシアでは、これが3か月間、3日以内の事前予告である。もっともロシアでも組織の責任者などの上級幹部社員にはより長い試用期間の設定が認められている。

日本と海外の試用期間の違い

　日本では、どの会社の就業規則にも当たり前のように試用期間が設定されているが、細かく見ていくと実は各国でこんなにも違っている。試用期間の意味は、日本でも海外でも本採用決定のための見きわめ期間なのだが、日本では、試用期間中の解雇などは、よほどの不良社員でないと起こり得ないのに対して、海外では人事労務の通常の管理手法として活用される。海外に赴任する駐在員にとってこれは便利な仕組みである。

　入社直後の"蜜月"期間も終わり、相手の欠点が目につきだした頃、Probation期間中であれば、社員を解雇することもできる。日本における"試用期間"の常識とは異なる。試用期間中であれば会社は簡単に社員をクビにできるとなると、社員とすればクビにならないように行動することになる。その行動が具体的には、入社前に設定した目標（ゴール）を達成しようとする行動となる。

　日本では試用期間中といえども、まずはクビにはならない。実際、日本の新入社員の中には、自分の試用期間がどれだけの長さであるかさえ知らない。先日、問題のある新人社員の相談があった会社では、人事もその問題社員の直属の上司も、問題社員が試用期間中であるのか、いつまで試用期間が続くのか、というこちらの質問に即答することができなかった。試用期間は日本では海外ほど有効には使えない仕組みのようだ。

　海外では上級幹部社員になるほど、長期の試用期間を設定することが珍しくないことに、驚かれる方も多いと思う。

　私のこれまでの経験では、日本の人事労務の経験者に「幹部社員を中途採用する場合に、特別な試用期間を設けるとすれば？」と問いかけると、その大半の方々は、「通常よりは短い試用期間とするか、あるいは設定しない」

と答えた。こんなところにも、日本の人事の常識と海外での人事の常識が違っていることが分かる。

外国人社員の育成と定着──なぜすぐに辞めてしまうのか？

　駐在員の方からよく聞くのが、ヘッドハンターなどを使って高いコストを払い、結構な手間をかけた末、ようやく優秀な現地社員を採用しても、彼らはいとも簡単に辞めてしまうというという話だ。

　私にも同じような経験がある。まだ、日本の会社で海外人事を担当していた時のことだ。現場から、運用の担当者として地元では凄腕と言われる外国人ディーラーを採用したいという稟議書が送られてきたことがあった。稟議にこぎつけるまでには、面接を繰り返してかなりの時間をかけた。それまでは現地支店で、日本人スタッフが中心となり手探りで恐る恐るやっていた、手堅いが儲けも微々たるディーリングビジネスが、この人さえ入れば大きく変わるという期待を抱いていた。支店のディーリング収支も大幅に改善され、期末目標の達成も十分に見込めるとの予測だ。周囲の若い日本人ディーラーが学ぶことも多いはずだという。地元のテレビ、新聞などのメディアの露出もそこそこにはあるらしい。現地ではそれほど知名度も高くないその日系企業にあって、まさに期待の星、スーパースターの誕生を予感させるものだった。

　私は送られてきた稟議書を一読して目を剥いた。申請されたこの"スーパーディーラー"の基本年俸（確定）は当時の現地責任者（日本人）の海外基本給の金額を上回る。本人の成績に応じて支払われる約束のボーナスについて見ると、最高の成績をとった場合には、基本年俸にボーナスを加えた総額は、当時の本社の社長の報酬額も上回る可能性があった。取締役人事部長、人事担当の常務と取締役国際企画部長と国際本部担当の専務を巻き込んだ大騒動が持ち上がり、"社長を上回るような金額を支払うような成績までは多分挙げられませんよ"というほとんど根拠のない国際企画部長のコメントが、結果的にはこの稟議の承認を後押しする形となり、このディーラーは無事採用された。

だが結局、このディーラーは半年もたなかった。「日本人は理解できない」「この会社のルールを守っていたら自分の思うようなディーリングはとてもできない」という捨てセリフを残し、辞表を叩きつけて、その翌日から出社しなくなった。期待の星から一夜にして裏切り者である。
　「あいつは何だ。辞表を出した翌日から出社もしないなんて、なんと非常識な奴だ。引き継ぎはどうなっているのか？　辞表は少なくとも1か月前には出すのが就業規則の定めである。辞表を出した後も1か月間はディーラーとして仕事をすべきだ。職務放棄ではないか」と非難轟々。
　今からみると、この非難は正当なものではなかった。金融機関を中心としたディーラー、トレーダーという職種は退職の意思表示をした瞬間から出社させないのが実はマーケットの常識なのだ。彼らが行うのは文字通り指1本で何億円もの売買が任されるような仕事であるため、ひとたび会社に退職の意思表示をしたディーラーやトレーダーに引き続きそのような巨大な権限を許しておくこと自体が大きなリスクなのである。
　最近のコンサルタントとしての相談業務から別の事例をご紹介しよう。ある大手日本企業のロンドンにある現地法人。ケンブリッジを優秀な成績で卒業した20歳代のイギリス人女性をその現地法人で採用した。その会社で行っているような仕事の経験は全くない人物だった。海外拠点での外国人採用と言えば、即戦力の中途採用が主体のその会社にとっては、ロンドン現地法人ばかりでなく、全世界の海外拠点で初めての新卒の新人社員、あるいは準新卒者（中途採用であっても社会人経験が2～3年未満程度は新卒新人社員に準ずるという意味でこのような言い方をする）の採用である。学歴からいって、20年後、30年後の国際部門長になる可能性もあるエリート社員の誕生だ。
　まず、ロンドン現地法人内で1年間程度の間に、次々に様々な部署に所属させ、ロンドンではどのような仕事をするかということを実際に体験させた。これは日本でも総合職として入社した新卒新人が最初の3年から5年かけてローテーションを繰り返し、一通りの業務を学ぶのと同じ発想である。次に、1年間、日本本社に長期出張させ（トレーニーと称した）、国際本部の中の様々な部署に置き、本部の仕事も経験させた。これは、トレーニーとし

ての研修が終了してロンドンに戻った後、現地法人と日本本社との繋ぎ役を担わせるという会社側の思惑があった。国際本部も人事も、トレーニー経験が彼女の今後のキャリア形成に役立つに違いないと考えていた。

　また、長期出張扱いとはいえ、トレーニーなので、出張規定にあるホテル住まいなどはさせず、総合職の女性社員が入所していた都内の独身寮に住まわせ、ロンドンの常識からすれば非常に狭い個室をあてがい、独身寮の銭湯方式の風呂も経験させた。日本で働くというのはこういうものなのだということを肌身に感じてもらおうという試みだ。

　1年間のトレーニー経験は"ある意味では"彼女にとっては別の意味で大変"貴重"だったようだ。国際化を推進すると力強く宣言されてはいたが、国際本部の中ですら情報はほとんど日本語で流れ、日本語の分からない彼女にとっては、会社の情報は隣に座る帰国子女の日本人社員を経由して、すべて英語に置き換えてもらわないと全く理解できなかった。隣の同僚とて、彼女の専属通訳ではない。外出もすれば休暇もとる。疎外感を味わう毎日だったと言っていた。ストレスも非常に高かったという。

　彼女自身は、ケンブリッジで日本式経営についても学んでおり、稟議という言葉に代表される日本特有のボトムアップの意思決定には関心が高かったとのこと。しかし、その日本式経営の特徴と言われる稟議についても、彼女が実際に垣間見たものは、誰が決定するのかがあいまいで時間ばかりがいたずらに浪費される日本の意思決定プロセスだった。稟議書が届くと、大体は担当者→課長→副部長→部長→担当役員にまで回って、合計5つの印鑑を集めてやっと結論が出る。一つの印鑑に1日かかるとしても5日間、ほぼ1週間を要する。これでも早い方で、通常はその倍近い日数は覚悟しなくてはならない。重要な案件になると、さらに上位の意思決定機関に委ねることになる。稟議とは一つの案件が結論にたどり着くまでの長い道のりでしかない。

　その彼女も1年間の日本本社でのトレーニー経験を無事終え、ロンドン現地法人に復帰すると、間もなく退職した。20年先、30年先になってようやく経営幹部にたどりつく日本式人材育成などには耐えられないというのが退職時の彼女のコメント。1年間の日本企業本社におけるトレーニー経験が、彼

女にとってのより高い付加価値になったという。

　外国から見ればいまだに日本は特殊な分かりにくい国であり、日本のカイシャは外国のCompany（カンパニー）とは随分と異なる。ピークは過ぎ去ったとはいえ、日本はまだまだ経済大国である。マーケットとしては魅力的だ。彼女は日本のスペシャリストとしての高いバリューを身につけたことになる。日本に滞在している頃から、イギリスに本社を置くヘッドハンターが彼女にアプローチをかけていた。日本との取引に積極的なイギリス大手企業の対日部門のNo.2のポジションを提示されたという。当然年収もその会社のロンドン現地法人時代にくらべると一気に2倍から3倍に跳ね上がる。上手くいけば3年以内にはその部門のヘッドの地位も展望できるポストだった。

辞めるだけの理由がある

　最近、日本の大手企業が外国人社員を積極的に本社採用するようになった。中国をはじめとする近隣のアジア諸国の急速な発展に乗り遅れまいとする経営判断によるものだ。一方で、少子高齢化が進み、20年近くも景気が低迷している日本市場には今後大きな期待はできないという判断もあろう。厳しい見方をする専門家の中には、今後国内市場に依存する日本企業は生き残ることができないとまで予言している。海外には打って出ざるを得ないのだ。海外市場に積極的に進出するには、とかく語学にハンディがある日本人よりも外国人の方が手っ取り早く役立つはずだ。また、日本人社員より外国人社員の方が積極的に発言、行動し、とにかくよく働くという。モラトリアム世代とか指示待ち族とか呼ばれ、素直だが自己主張もせず受身でおとなしい日本人若手社員の刺激にもなるはずだ。

　そこで、外国人社員の本社採用を積極的に進めている人事の方に是非とも認識頂きたいことがある。

　社員は入社して様々な経験を積み、専門知識を学び、その職務を遂行する能力を磨くことで自分の市場価値を高めていく。そして、日本人社員の多くはそう簡単には転職しない。転職市場が拡大し、新卒新人の3割が3年以内

に会社を辞めるということはよく聞くが、裏を返せば７割は辞めないということだ。日本人社員のベースは結局は日本国内であり、特に大手企業では、中途採用者にくらべると圧倒的に新卒採用者が有利であるという現実を彼らはよくわきまえているからだ。

　中途採用者にくらべると新卒者の方が、出世の機会にも恵まれ、幅広いキャリア形成の可能性を提示される。高給で外資系企業に引き抜かれる場合であればともかく、日本国内の労働市場で日本企業間の転職を繰り返しても、条件はよくならない。転職のたびに給料が下がっていくというほうが多い。日本人社員にとっては、会社で経験を積むことで高まる自分のマーケットバリューに的確に対応してくれるのは、新卒で入社した今の会社であるからだ。

　一方で外国人社員はどうだろうか？　たとえば中国人社員を本社で採用したとしよう。彼らは、日本のカイシャや日本の国内市場の仕組みについての経験を積む。その結果、彼らのキャリア形成の可能性は、日本に関心を持つ中国企業と中国に関心を持つ日本企業に広がる。要は中国語圏と日本語圏で活躍できる可能性を持つ。

　英語に堪能な外国人社員はどうだ？　英語は全世界のビジネスで通用する。彼らも日本のスペシャリストになるが、結果として日本に関心を持つグローバル企業とグローバリゼーションを志向する日本企業にキャリアをつくる可能性を見出すことができる。要は英語圏（市場経済の全ての国）と日本語圏で活躍できる可能性をもつ。

　このように考えると、同じ本社採用でも、同じ経験年数の結果、外国人社員は日本人社員よりもはるかに高い市場価値をもつことになる。「外国人社員の本社採用を開始した」「これまでは海外の各拠点の現地採用でしかなかったのだから、彼らにとっては大きな前進だ」「彼らも大歓迎だろう」——仮に人事担当者がこの程度の問題意識に留まっていたとすると、２～３年も経てば本社で採用した外国人社員はどんどん社外へ流出する。日本人社員以上に市場価値をもっているのだから、日本人社員以上の処遇をし、日本人社員以上のキャリア開発の機会を提示し、日本人社員よりも早い昇格を実現し

ないと、高給で、高いポジションで他社に引き抜かれる。
　外国人社員のそれぞれのマーケットバリュー(市場価値)に応じた処遇条件を提示しないと、社員は簡単に辞めていく。

第7章
英語は国際ビジネスの公用語

日本人の英語アレルギー
　国際化を進め、海外拠点の経営の中枢に外国人社員を登用する場合、彼らにそれぞれの海外拠点での経営計画を策定してもらうためには、会社全体の経営方針や経営計画を理解してもらわなければならない。現地で働く外国人社員の不満の根源は日本人社員とのコミュニケーション不足から生じており、言葉の問題は必ずつきまとう。ましてや、外国人社員を日本本社の、それこそ経営陣の一画から新卒新人に至る様々なレベルで登用しようとすれば、言葉の問題は避けては通れない。外国人社員を積極的に登用するには、まず、外国人社員と緊密にコミュニケーションを図らなければならない。同時に、外国人社員に、今会社で起きていること、これから起きようとしていることを日本人社員が知らされるのと同じタイミングで、日本人社員が持つ情報量と同じ質の情報を提供しなければならない。その際に、人事が頭を悩ますのが言葉の問題である。
　国際的ビジネスを進める上での公用語は、英語である。アメリカ、イギリスなどの英語圏の諸国ばかりでなく、フランス、ドイツ、イタリア、オランダ、インド、中国、韓国、マレーシアなどの様々な国のグローバル企業の公用語も英語である。それぞれの社内文書が英語で発信されているのは当たり前で、少なくとも海外と接点を持つ管理職以上の社員は母国語に加えて英語を話す。なかにはとても流暢とは言えない英語を話すマネージャーもいないわけではないが、ビジネスでの意思疎通にあっては何ら支障がない。
　ひるがえって日本の会社を見てみよう。いまだに、英語は海外に駐在する社員だけが必要であるかの認識が蔓延しているように思える。海外人事を担当している人の中にも、「英語ができない」と断言する人もいる。彼らは、

「海外人事の私の仕事は、海外駐在する日本人社員のお世話をすることだから、英語は必要ありません」と言う。海外人事の仕事をはじめから「海外に駐在する日本人が対象」と限定してしまうと、このような結論となってしまう。

　日本の企業の国際化は、実は様々なステージを変遷してきており、日本人社員が海外拠点に駐在するというのは、国際化のごく初期のステージでしかない。今や、海外の拠点もこれまでの販売拠点から、製造販売拠点にまで拡大し、中には本社機能を日本から海外に移そうと考えている会社まである。

　国際化の進展で外国人社員の数も増加し、彼らが会社の中に深く関与するようになっているのだから、海外人事の担当者が「海外に駐在する日本人が仕事の対象」と限定しているのもおかしい。英語を身につける努力を放棄する自らの怠慢を正当化する理屈を自ら見つけて、それで自分を納得させているように思える。しかしながら会社の中で外国人社員の役割はますます重要となりつつある昨今、彼らの面倒を見る人事部は必要である。その人事部の担当者が英語ができないようではまずい。

　私は、日本人の英語アレルギーは最近増加基調ではないかと思うようになっている。きっかけとなったエピソードを紹介しよう。

　オーストラリアシドニーに立ち寄った際、外国人向けの英語学校の営業部長をしている人と知り合った。昔シドニーの英語学校と言えば、ワーキングホリディという、若い人を対象とした取得が簡単な短期ビザがあり、これを手に、"留学します"と称して、6か月から1年、オーストラリアに"遊学"する若い日本人が大勢いるという記憶があった。

　彼らの多くは学校に通いながら生活費を稼ぐためアルバイトをするのだが、言葉の制約もあるので、その多くは日本食のレストランや日本の観光客向けのお土産店に勤めることが多いとも聞いていた。その営業部長に、「相変わらず沢山の日本人が来ているのでしょうね？」と尋ねると、営業部長は、「当校での日本人は今やゼロになりました。確かに以前は外国人留学生の中で日本人の数はトップでしたが、今は中国や韓国からの若い人が大勢来ています」。続けて「昨年、営業活動の一環として、実は日本に出張してき

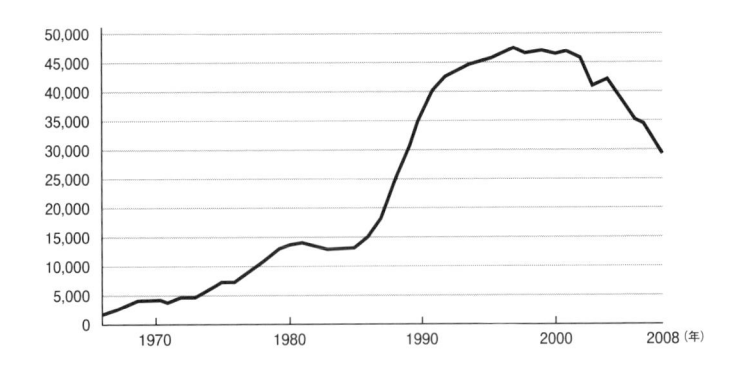

ました。しかしながら、日本での提携機関を通じて随分多くの若い人たちと話し合いましたが、彼らは一様に"英語は嫌いだ""わざわざ言葉の通じない外国に行きたくない"と言っていました」「当分の間、日本人が英語を勉強に来ることはないだろうと結論づけ、その後は私も出張で日本に行くこともなくなりました」と。

　ワーキングホリディでどこまで真剣に英語を学ぶかという議論はさておき、日本の若い人は今やワーキングホリディで気軽に海外に行くことすら敬遠するようになってきた。現地に行って生活すれば、それなりの経験はできる。そんなことすら嫌がるような内向きの傾向があるようだ。

　この英語アレルギーを傍証するデータを見つけた。上のグラフはアメリカの留学生受け入れ機関フルブライトの日本人留学生数の推移である。

　このグラフを見ると、日本人のフルブライト利用の留学生は1954年以降漸増、80年代後半から2000年頃まで急増した後、近年は逆に減少基調にある。どうも若い人の内向き傾向はオーストラリアばかりでなくアメリカでも観察される。

社内公用語英語のショック

　最近になって、業種は異なるが、伸長著しい日本の大手企業の2社が時も同じく2012年から社内用語を英語に切り替えると発表をし、大きな反響を呼んだ。特に、何かと経営者が話題を提供することの多いIT系企業では

「2012年には英語のできない執行役員はみんなクビにします」と言って、さらに波紋を引き起こした。そんな会社は志望しないという学生も出てくれば、仕事ができないくせに、英語だけ堪能な"英語屋"が跋扈すると言って警鐘を鳴らす人もいる。なかなか喧しい議論を巷間に引き起こしている。中には、「日本企業に勤めるのだから日本語を外国人が学ぶのが当然だろう」とまで主張する人もいる。中華思想とかPax Americana（パクス・アメリケーナ、アメリカ中心の思想）ならぬPax Japonia（パクス・ヤポニカ、日本中心思想）である。

一番もっともらしく聞こえ、英語嫌いの人に強烈に支持されているのは、「英語を使ったが為に生まれる誤解や混乱、英語になった途端にそれまで日本語ではできた活発な議論ができなくなるマイナス効果」についての評論家のコメントだろう。

しかしながら、この種の議論に欠落しているのは、社内公用語を日本語に留めておくことで、社内の議論から締め出される外国人社員への対応をどうするか？という点だ。しょせん外国人社員は少数でしかないので外国人社員は無視しようというのであろう。優秀な外国人社員にとって、そんな会社に魅力はない。また、ビジネスで日本語しか使えない日本人社員が国際市場で外国人と互角に渡り合うこともできない。この評論家のコメントは、口当たりは良いが、中国やインドなどの新興大国から追い上げられ、欧米諸国からはガラパゴスとかJapan Passing（ジャパン・パッシング）と言われ日本を素通りされるような今の深刻さを正しく把握していない。

私自身は日本大手企業での海外駐在、海外人事経験、外国企業日本法人の人事部長経験を経て、今は自ら率いる人事のコンサルティング会社で外国企業の外国人経営者や人事部、日本企業の海外人事部とお付き合いさせていただいている。実は私は、常に、英語では苦労をしてきた思いがある。今でも英語を流暢に使えるなどとは思っていない。英語が母国語でないハンディキャップをいやというほど身につまされる毎日である。顔も知らない連中も参加する外国企業本社との電話会議や外国人経営者や人事部長に英語で行うプレゼンテーションの場面では今でも緊張もするし、終わった後で、あの英語

の言い方は稚拙だった、こう表現すればもっとうまく説明できたかもしれない、などという反省は文字通り日常茶飯事である。

　もっとも、日本人相手に日本語で行う電話会議やプレゼンテーションであっても、終わった後必ずといっていいほど同じような反省をするのだから、何も反省は英語のせいとばかりは言えないとは思うが。

　確かなことは、私がビジネスを進める上では英語を使わざるを得なかったということだ。英語から逃げるわけにはいかなかった。試行錯誤で10年以上も苦労してきた。いまだに英語はできればさけて通りたいが、必要に迫られ何とかやってきた。相手の外国人経営者が悩みに悩んだ末に、解決策を求めて面会に来る際に、相手が英語で説明する問題点を正確に把握できなければ解決策など思いつくものでもなく、また、思いついた解決策がどんなにユニークで秀逸なものでも、その解決策を相手に英語で説明できなければ、相手の何の役にもたたない。

　外国人社員を積極的に受け入れて、会社の国際化を進めるということは、英語を使って相手とコミュニケーションを図ることを、社員全員、少なくとも管理職層の全員が行っていくことなのだろうと考える。会社の国際本部のような一部門で通用する言語だけを英語化するのでは、その会社の国際化は中途半端に終わるだろう。せっかく登用した優秀な外国人社員も、しょせんは企業の一部門の限定的な採用であり、日本人社員とは異なる扱いであることが分かれば、そのような差別のない他国の国際企業に転職していくだろう。

第8章
グローバル人材の育成と活用

生き残るカギはグローバル人材

　国民や企業を支えてくれるはずの政治が不安定である。人事労務の観点から見ても企業や社員の足を引っ張っているとしか思えないような法律も散見される。政治に期待ができなければ、日本企業は国に頼らずに生き残る道を自ら見つけていくしかない。個人も国に頼らずに、自分が生きていくことのできる道、家族を養っていける道を探さなければならない。筆者の身近に起きているいくつかの事例をご紹介しながら、How to survive（ハウ・トゥー・サバイブ）、いかに生き残るかについて考えてみよう。

　日本は世界経済の主要国の地位からはすでに弾かれてしまった。今さらJapan Passingとかガラパゴス化という言葉を引っ張り出すまでもないが、世界の主要国にとって大事なアジアの国は中国やインドであって日本ではなくなった。コンサルタントである私の顧客の多くは外資系企業だが、外資系日本法人の人事部は本社の指示により縮小を余儀なくされている。日本法人の人事部を閉鎖して、人事管理を中国、シンガポールなどのアジアの主要拠点に移すことはいまや珍しくない。私がコンサルティングファームを起業した20年前は、顧客は東京にいる外資系日本法人の日本人人事部長がほとんどだった。たまに本社から派遣されてくる外国人人事部長もいたが、彼らの態度は一様に、未知の日本の人事管理を尊重する姿勢を示していた。

　それが今や、私の顧客は、北京、上海、香港やシンガポールにいる欧米または中国人の人事部長である。日本の特殊性など知りもしないし、尊重しようともしない者も珍しくない。そんな連中相手に、せめて労基法をはじめとする日本の労働法ぐらいは遵守させようという努力が続く毎日となった。労基法もグローバルな基準からすれば随分と非常識な内容を多々盛り込んでは

いるが、法は法である。外資系とはいえ日本法人、遵守してもらわねばならない。

日本の地位低下の象徴とも思えたのが外資系の代表格である日本IBMの組織変更だ。日本IBMはかつてはIBMのアジア諸国の法人とは別格に位置づけられ、直接アメリカのIBM本社の下に置かれていた。だが今の日本IBMはアジアの中の一つの法人に過ぎない。日本IBMはアメリカ本社にとってはもはや別格ではなくなったのだ。

日本企業の海外戦略も、かつては欧米市場を狙ったセールス、マーケティングが中心だったが、今や随分と多様化した。製造拠点を中国などのアジア諸国に移す動きは大手企業のみならず中堅・中小企業にも広がっている。中国やインドの巨大な消費市場を狙った日本企業の進出も盛んだ。世界は原材料の供給基地であり、製造拠点であり、販売市場でもある。JTのたばこの売上は、伸び悩む日本市場ではなく、ロシア、東欧などの海外市場に大きく依存している。スズキは日本国内の販売台数を上回る成績をインドで達成している。

日本で働く外国人も就労ビザ取得手続きの簡素化もあり随分と増えてきた。弊社の人事アウトソーシング部門の責任者によれば、最近とみにインド人、中国人を中心とした外国人社員の入社が増えたとのこと。連動して外国人社員に関連するクライアント企業からの問い合わせも増加している。

例えば、こんな相談があった。最近雇ったインド人社員が、インド本国に住む家族を所得税法に規定される扶養家族として会社に申請をしてきた。本邦の所得税法での扶養家族の定義には同居要件はなく、生計同一要件である。このインド人社員は、毎月給料日にインド本国の家族に送金をしているという銀行の振り込み手続きの控えを会社に提出してきた。もともとが大家族である。この社員の主張によれば、インドのような生計費の安い国では、この社員の送金額でインド国内の家族全員の生活を賄うことができるとのこと。所得税法では６親等内の血族までが認められる。両親、祖父母、兄弟姉妹の全員が扶養家族となった。

ご存じのように、扶養家族は一定の税額が控除される。インド人社員から

すれば自分が払う税金がかなりの額で節約できることになる。どうも同郷の他社で働くインド人社員から教えられたようだ。また、中国本土に住む家族一人一人に健康保険証の発行を行ったという話も聞いた。確かに健康保険法からすれば、これも可能である。買い物旅行で来日する際に、日本で通用する健康保険証があれば助かるとでも考えているのだろうか。困った事例としては、有給休暇を取得して本国のブラジルに帰ったまま戻ってこない社員について、どのように対応したら良いかという相談もあったという。

　また、社員には身元保証人をたてるという昔ながらのルールのある会社からは、外国人社員は日本国内に適当な身元保証人がいないため、結局その会社の社員同士が身元保証をしている？　という話も聞いた。これらもグローバル化の進展に伴う新しい現象なのだろう。今までの常識とは違う対応が必要となる。

　上記のような事例から、不確定な時代を生き残るカギを探してみると、グローバルな経済、グローバルな社会にいかに適合するかにあるように思える。企業が最近よく「ほしい戦力はグローバル人材だ」とか「わが社もグローバル人材の育成に本腰を入れなければならない」とか言っているのも、この証左と言える。

　これに対して、日本人一人一人が、漠然と日本だけを足がかりにしているというのは、日本そのものが衰えつつあるのだから心もとない。グローバル人材を志向することがHow to surviveのカギなのだ。

　私は、いくら頑張っても日本の企業には受け入れてもらえなかった帰国子女を何人も見てきた。彼らの相談にものってきたが、彼らは日本企業では、「自己主張が強すぎる」「下積みの努力ができない」「周囲に対する気配りができない」と言われ、中には「日本語の使い方がおかしい」「チョット難しくなると漢字も書けない」「そのくせ英語は外人みたいに流暢な発音になる」といわれ、結局は排除されてきた。

　グローバル経営、グローバル人材と言っているが、今の日本企業に必要なものは、たとえば、帰国子女を普通の日本人社員と同じように活用し処遇できる経営スタイルなのだと思う。今の日本人の管理職に必要なものは彼ら帰

国子女を自分の優秀なスタッフとして十分に使いこなすことのできるマネジメント能力なのだと思う。この辺がグローバル経営、グローバル人材の足がかりになるだろう。これからの日本に必要なものは、日本人がこれまで用いてきた異文化を一旦受けとめて、日本文化と融合させるプロセスとは違う。それは、異文化をそのまま受け入れるということである。その一方で、日本人としてのアイデンティティーも堅持してほしい。そうなると、今後必要なものは、諸外国の文化をそのまま受け入れることのできる受容力、日本の独自性と諸外国の文化の違いに対する正しい把握力、日本と諸外国の違いを適切に使い分ける応用力だろう。一つの言葉に纏めると多様性への適応力とでもいおうか、これは翻訳文化ではない。外国語を外国語として受け入れる試みに通じる。

　私は、社内公用語の英語化を是とする意見を述べてきたが、これにもつながる。会社で日本語と英語を使い分けることから、多様性へのチャレンジは始まるといってもよいだろう。また、前述したように、グローバル人材を育成するには言葉だけでは不十分、言葉は思考の枠を超えない。グローバル人材の育成には言葉に加えて、思考の結果の行動までを鍛えることが必要である。たとえば、帰国子女と一緒に働かせるやり方であり、さらに有効なのは外国人社員と一緒に働かせることである。

噴飯ものの外国人社員活用の提言

　先日、厚労省の委託を受けて実施されたという、ある大手企業の研究所の「外国人社員活用への具体的な提言」が発表された。

　提言その1は、「外国人社員は自己主張が強いため、直属の上司とぶつかることが珍しくない。これを避けるため、外国人社員には2人の上司を用意して、外国人社員と気の合う上司にマネジメントを委ねる」というものであった。

　外国人社員には、日本人社員以上に上司の存在は重要なものと映る。彼らにとっては、直属の上司とは自分の採用、賞与配分、昇給、昇格の決定権限

を握っている絶対的存在だ。日本企業とは異なり、外国企業では人事部の権限が大きくない。人事権はライン、すなわち直属の上司が握る。人事部とは、ラインに対して、人事管理の専門家の立場でアドバイスをするコンサルタントのような存在でしかなく、人事部のアドバイスを受け入れるも拒絶するもラインの判断に委ねられる。人事労務の決定権限は人事部にはなくラインにある。外国人社員はこれを常識として日本の会社組織に参加している。

彼らにとっては、上司とは一番恐ろしく、かつもっとも頼りになる存在だ。提言はこの上司を2人用意して、外国人社員と気の合う上司を使うというものだ。外国人社員からすれば、そのように選択された上司はそれほど恐ろしくはないはずだ。社員が日本人であれば、こんな提言はまずあり得ない。社員が外国人で、文化も価値観も異なる（かもしれず）管理するに難しい存在だからこその提言だとは思うが、ここまで特別扱いして相手におもねる必要はあるまい。上下関係は組織秩序の基本であり、この提言は組織の成り立ちすら危うくする、本末転倒ともいえる。

この提言は、多くの企業からのヒアリング結果をもとに作られたという。そうであれば、この提言をたたき台にして、もう少し建設的な提言とすることはできないだろうか。この提言の背景には、外国人社員を雇っている多くの企業で、彼らの人事管理には、会社がほとほと手こずり悩んでいる事情があるものと推察する。

本書では何度となく論じているが、外国人社員の労務管理のキーワードは個別合意の形成にある。一つ一つのことを話し合い、一つ一つの合意を積み上げていく。これを面倒がらずに、また、「そういう決まりだから」「上が決めたことだから」というような論法で議論を一方的に打ち切ることなく、「なぜこうなるか」「なぜあなたの意見は受け入れられないか」等、なぜを繰り返しながらていねいに説明をしていく。

ところが、日本の会社では上司といえども人事採用権限などない。会社から言われて外国人社員がたまたま自分の部下になったと思う上司がほとんどのはずだ。その上司からすれば、他の日本人社員にくらべると、こちらが一言いうと、何かと文句をいってくる。外国人社員にすれば、上司の指示が理

解できなければ、質問することは当然だと思い、そのように行動しているだけなのだ。上司から見れば、日本人の部下は何も質問せず行動する、あるいは質問したとしても簡単なやり取りで終わるのに対して、外国人社員は質問が多い。そういったコミュニケーションの連続が徐々に高じて、「彼らは何かと文句が多い」という結論になる。

　この問題解決には、外国人社員用のメンターの導入を提案する。メンターは上司ではない。彼らの兄貴分、保護者のような役割である。上司の指示命令についての個別合意の形成を側面から援助する役割も担う。そのため、同じ部門のベテラン社員で、聞き上手（人事労務ではActive Listening（アクティブ・リスニング）と呼ぶが、積極的に相手の言うことを聞き出すことで、相手のより的確な理解を導き出す技術をこう呼ぶ）、世話焼きのタイプが適役だろう。メンターの指導は、就労中に適宜行われるが、就労後に特別に時間をとって行われることも珍しくない。仕事が終わってリラックスした状態で食事をしながらということもよいだろう。

　私の経験からすれば、前もって予定さえ言っておけば、外国人社員でも、一献酌み交わしながら話をする「飲みニケーション」は有効である。

　複数の外国人社員を雇っている場合は、このメンター制度をさらに発展させ、人事部などのスタッフが外国人社員専門のコミュニケーションを担当することも考えられる。ラインの上司が外国人社員との上下関係（タテの関係）であるのに対して、人事部の担当者は、組織を横断して外国人社員全員の面倒を見るヨコの関係に位置づけられる。外国人社員をタテとヨコのマトリックスで管理する仕組みだ。この人事部の担当者が、会社の外国人社員全員を対象に、それぞれの配属先の上司、先輩、同僚との人間関係や、仕事を離れた日本での日常生活も含めた悩み、問題点を聞き出し、一緒に問題を解決することが役割となる。配属先の上司ともキメ細かく面談し、外国人社員の働きぶりを中心に上司の目からの問題点も洗い出し、また、先輩、同僚からもヒアリングを行い、彼らから見た外国人社員の行動などの改善点を探り、外国人社員と一緒にこれらの問題点を解決していくということが使命となる。

メンターは、自分の部門に配属された外国人社員1人（せいぜい2人まで）を担当するのに対して、この人事担当者は会社の外国人社員全員を対象とする。この方法はメンターにはない利点がある。外国人社員の自己主張の強さに辟易するのか、会社は外国人社員の身勝手な主張、要求を受け入れることがある。実は、外国人社員が多い外資系企業でもこのようなことは珍しくない。全くもって、NOと言えない日本である。同じ部門の先輩社員であるメンターでは、自己主張の強い外国人社員に対してNOと言えないこともあろう。人事部のOfficerであれば権限上はNOということは可能である。自己主張の強い外国人であっても、はっきりと最初からNOと言われるとそれに従う。この人事の担当者はこれを行うことができる。

　さらに、この人事の担当者は外国人社員全員を担当しているので、彼らを横並びにした上で、特定の外国人社員の言い分が外国人社員全般からすれば妥当なものか、あるいは外国人社員から見ても彼の言い分は身勝手なものであるか、を比較検討することが可能である。全員を担当しているからこそできる比較検討なのだ。

　提言その2は、「日本人社員の英語力の乏しさを考えれば、英語を社内公用語とすることにかかわる必要はない。日本語のできる外国人社員を雇えば良い」であった。

　英語力についてはこれまで何度も述べてきたが、この提言は本末転倒である。グローバルなビジネス社会での公用語は英語であり、日本企業がグローバルなビジネス展開を目指すのであれば英語からのがれることはできない。

　先日私は、フランス系の企業の打ち合わせに参加した。先方の出席者は、フランス系日本法人社長、コントローラー、パリ本社から日本に出張した人事統括本部長であり、全員がフランス人だったが、会議はすべて英語で行われた。聞けば、フランス本社の公式文書は原則英語、例外的に英語とフランス語の併記だそうである。これは別にフランス系に限ったことではなく、ドイツ系、イタリア系、ロシア系等の非英語圏でもグローバルに事業展開している企業の社内公用語はすべて英語である。グローバル企業のアジア拠点は

今や日本ではなく、中国に移されつつある。そのアジア拠点で働く中国人社員も当然のように英語を使っている。

　日本の国力が相対的に低下しつつある現状や将来を考えれば英語の重要性はさらに増す。日本にくらべると、はるかに小さい国内市場でありながら、昨今日本以上の経済発展を実現している韓国は見本となろう。韓国最大の財閥系企業では、大卒社員の９割以上が流暢にビジネスができる英語力を身につけている。

　確かに、帰国子女でもなければ多くの日本人の英語力は乏しい。今の学校教育の仕組みが続けば、日本人の貧弱な英語力は当面続くだろう。企業で工夫をしなければならない。たとえば、外国人社員の配属先、まず最初に考えられるのは、国際部門への配属、ここであれば日本人社員もそこそこ高い英語力を有している。

　しかし、グローバル化への刺激を考えるならば、外国人社員を国際部門に配属するのではなく、外国人社員の採用をきっかけに、日本人社員にもっとグローバルな視野をもたせたい。とはいえそうした先の日本人社員の英語力はそれほど高くない。そんな時の配属先は、エンジニアリング、R&Dなどの専門性の高い部署をおすすめする。専門性が高ければ高いほど、専門用語は英語を使われていることが多い。私は、エンジニア同士が英語の専門用語の羅列だけで互いに支障のない意思疎通を行っている場面を何度も見ている。外国人社員と日本人社員との間で共通の高い専門性のある分野があると、仕事上の意思疎通は比較的容易なのだ。

　提言その３は、「外国人社員は日本人社員にくらべると簡単に転職してしまい、会社の機密情報が流出するリスクもある。そのため、入社直後の３か月から６か月、場合によっては１年程度は外国人社員がすぐに辞める人間であるかを見きわめる期間として位置づけ、かつその間は会社の機密情報の接する部門など重要なセクションには配属しない」というものであった。

　私は、「この提言をどう思うか？」と複数の外国人に聞いてみた。異口同音に「そんな会社はすぐ辞める」というものだった。契約社会に慣れている

外国人社員にとって、入社前に雇用契約書を作成することは当然であるが、その雇用契約書には詳しい労働条件として最初の配属先や最初に担当する業務についても記載されているはずだが、かような提言に基づく雇用契約書を見れば、その段階で外国人社員は入社には応じないであろう。

確かに外国人社員の離職リスクは日本人社員より高い。実務上のちょっとした工夫でこれを回避する術を私は知らない。私が提言できるのは、チャレンジングな仕事とそれに見合う処遇を常に実現できていれば離職リスクは低減できるという、原理原則でしかない。もっともチャレンジングな就労機会の提供とそれに見合う処遇を、今の時点で実現するのか、2～3年という期間内に実現するのか、というあたりの工夫は会社によっては可能であろう。

一般に即戦力であれば、今の仕事とそれに見合う処遇の実現に配慮すべきだろうし、育成中の若手社員であればもう少し時間の余裕のある2～3年程度のスパンで仕事と処遇のマッチングを考えるということでも良いとは思う。しかしながら、外国人社員は日本人社員ほどがまん強くはない、日本人社員より簡単に転職してしまうということを常に意識しておかなければならない。

実務上は、外国人社員の離職リスクを前提として、会社の機密情報の漏えいリスク、競合他社に転職され、結果として会社の売上などに悪影響を被るリスクなどにあらかじめ備えておくことは検討すべきであろう。

機密保持などについては、日本企業では日本人社員に対しては就業規則などの会社の諸規定のみで対応することが可能のようだ。外国人社員の場合は、日本人と同様の就業規則等の対応に加えて、機密情報に対する守秘義務の誓約書、競合先への転職を制限する競業避止の誓約書を作成するという工夫は必要と思う。

これらの誓約書には入社前に採用条件としてサインさせ、遵守を誓わせると同時に、退職の際に、退職手続きの一環として入社時の誓約書と同じ内容の書類を用意し、念を押すくらいの慎重な対応をしたい。グローバル企業であっては、実は当然のように行われている一連の手続きである。

提言その4は、「外国人社員の活用に対しては総論賛成各論反対の様相で、会社の中でも自分のセクションで外国人社員を使うとなるとおよび腰の部門が多い。そこで各部門に最低1名の外国人社員の採用を義務づける」というものだった。

これについては、会社の人材調達の考え方によるものとしか言いようがない。採用権限が人事部にあればかような義務付けは不要で、1名ずつ配属してしまえばよいだろうし、採用権限が現場にあっても、現場に外国人社員を受け入れるニーズがなければ採用には至らないだろう。ともあれ、人材調達はニーズがあって実現するのだから、外国人採用の前に受け入れ可能な部署を洗い出すくらいの事前準備はしてほしいと思う。

しかしながら、提言に触発されたことがある。外国人に対する就労制限の現状だ。今でも外国人には就労許可の制限が残っているため、採用にあたっては、その職種が外国人でなければならない特別の理由が必要とされている。これが、日本人社員でも外国人社員でも、差別なしに就労を許可するように変更されれば、より自由な外国人社員の採用が可能となる。

最近、法務省の入国管理の行政は随分と緩和され、窓口の対応はかなり容易になったが、法が改正されるには至っていない。いまだに外国人社員の活用は原則禁止の鎖国状況が続いている。日本企業が外国人社員を広く活用するためには、現行法の見直しが必要だろう。

外国人社員採用の失敗例に学ぶ

A社は歴史も古く、中堅の規模で知名度も高い総合商社。外国為替や石油先物などに代表される金融商品のトレーディング部門は、以前より積極的にリスクを取る活発な取引で知られ、相場を代表する名物トレーダーも過去何人も輩出している。金融取引は、文字通りボーダーレスの市場で行われており、相場に関わる情報収集には東京市場ばかりでなく、ニューヨークやロンドン、個別商品によっては別の海外市場の動向を追いかけることがカギとなる。東京で働くA社のトレーダーも、電話、電子メールで瞬時に海外とビジネスができることを要求されており、社員の英語力はいずれもビジネスを行

うためには問題のないレベルとなっている。その意味では、もう随分前からこのトレーディング部門で働く日本人社員はグローバル人材となっている。

一方で金融商品は高度な金融工学を組み合わせることで成り立っているが、近年開発される商品はいずれも大学の博士課程のレベルでようやく基本的な仕組みが理解できるような難解なものとなっており、A社では有名大学の数学の修士や博士課程の卒業者を毎年定期的に採用している。

A社は、いわゆる総合職と一般職の複線型人事制度を全社的に導入しているが、トレーディングルーム内では、アシスタント職のみが一般職で、それ以外は全員総合職となっている。

また、部下はいなくとも、おおむね20代後半になると管理職に相当するスタッフ職として処遇される。トレーディング業務が世界中の市場を相手にし、市場動向によっては長時間の就労も必要とされることから、トレーダーは労働基準法第41条に規定される労働時間の管理の制約を受けない管理監督者として取り扱われ、始業や終業の時刻、残業などについては自己管理に委ねている。当然残業代も支給されない。

A社は、昨年度の3か年中期経営計画の中で、トレーディング部門をグローバルな市場でも十分通用し、有望な収益部門として成長させることを目標とした。その一環として、専門知識を持つ若手の外国人社員を採用し、ゆくゆくはグローバルなマーケットでも十分通用する優秀なフィナンシャルエンジニアに育て上げようという人材計画をたてた。

そのような事情を背景として、1人の若手外国人社員（仮に彼をマークと呼ぶ）を中途採用した。マークの履歴書によれば、彼は母国の大学では高等数学を専攻、卒業後日本に留学し、有名国立大学の修士課程を卒業している。修士論文は金融工学の手法を駆使した金融商品についてだった。職務経歴書には、大学院卒業後、外資系金融機関のトレーディング部門に入社、そこでトレーディングに関する初級レベルの実務知識はすでに身につけていると記載されていた。

マークが入社してそろそろ1年を迎えようという日、直属の上司であるT部長が深刻な顔で人事部に相談に来た。折から年1回の人事考課を行う時期

でもある。マークの勤務ぶりに問題があり、周囲の先輩社員からのクレームも絶えない。このままでは自分の部署には置いてはおけない、という深刻な相談だった。

　人事部では、今までマークには何の問題もないと思っていただけに、大変驚き、T部長に詳しい事情をヒアリングしたところ、山のような問題点が出てきた。

1．入社してしばらく仕事ぶりを見ていたところ、金融工学の専門知識もトレーディングの実務知識も会社の即戦力となるレベルには至っていないことが分かったので、勉強させる目的でしばらくはアシスタントとしての職務を命じた。当初は3か月程度でアシスタントを卒業させ、一人前のスタッフとしての実務につかせるつもりだったが、マークの勤務態度も中途半端、専門知識の習得スピードも遅く、1年たった今でもアシスタント業務が中心となっている。

2．トレーディングのアシスタントなので、市場が大きく動くと予想される時は、早朝に出社し、海外市場の動向を分析するように指示しているが、出社は早い時でも定時ギリギリの8時45分、いつもは9時過ぎに来る。そのくせダラダラと夜遅くまで残っている。

3．上司や先輩の許可なく休日出勤を繰り返している。休日出勤の必要な仕事などなく、翌日部長にも休日出勤についての報告もない。たまたま先輩社員が休日出勤した際にマークも出てきているのを見たが、その先輩社員の目には、マークは仕事などしておらず誰かと長々と電話でしゃべっていただけに映った。そういえば、部門の経費実績を改めてチェックしたが、当該部署の休日の国際電話の請求額が最近急増しており、大半の国際電話の相手先は同一番号で、電話番号を調べるとそこは仕事とは全く関係のない地方都市だった。そういえば、マークは日本に一緒に来てくれていた恋人が、仕事がなくなり実家（母国）に帰ったと言っていたが……。

4．特に仕事を覚えないのが一番の問題だと思い、3か月ほど前に、T部長自らマークに対して、「このままでは3か月後の人事考課は厳しい結

果になると予想される」「即戦力となることを期待して採用したのにいまだにアシスタント業務が続いているのは残念。短期間に現状を改善し、アシスタントを卒業しないと、会社の要求する能力に達せずとの理由で解雇するような事態も起こり得るので、本腰を入れて頑張ってほしい」「トレーダーなのだから先輩から明日は市場が大きく動きそうだから早めに出社するようにと言われた日は遅くとも8時、できれば7時半ごろを目指して出社するように」と伝えた。1週間程度はいくらか真面目に勤務していたが、2週目からは元に戻り、さらに文句を言ったところ、翌日から欠勤を繰り返すようになった。先週、医者の診断書を持ってきて、仕事のストレスでメンタル系の病気になったのでしばらく休ませてほしいと言ってきている。

人事としては、いずれも初めて聞く話で、T部長には「なぜもっと早く相談に来なかったのか」と問いただしたところ、「自分はマネージャーといっても時間の大半はプレーヤーとしてトレーディングや顧客折衝を担当している。マーク以外の部下はいずれも一人前で自分のことは自分の裁量で適切にやっている。マークにも自分の裁量で適切に動くことを期待していた」「人事考課時期もやってくるので、今が人事部に相談するタイミングだと思った」という説明。

「今も欠勤しているのか？」という問いには「昨日は昼前に来たが、5時には帰った。今日はまだ来ていない」とのこと。どうも欠勤の管理も本人任せらしい。人事部がマークの記録を見たが、欠勤の届けもなく、全営業日数出勤したことになっていた。T部長も日頃の多忙を口実として、実質は何のチェックもせずにマークの報告をうのみにして承認をしていた。

T部長の要求は、「わが部署には置いておけないので、どこかに異動させてほしい」というもの。対して「部長の部署に配属することを前提に採用したので異動は難しい。また、他の部署でマークの専門知識を必要とするところはなく、引き取るところはいないと思う」と人事部。「そうであれば入社1年程度の実績なので、能力不足と服務規律違反を理由に辞めさせてほしい。円満に辞めてもらうために、ある程度特別に退職金を支払う必要があれ

ば、自分の部署の予算から捻出する。1年も満たない社員だから給料の3か月分も特別退職金として払ってやれば十分だろう。普通ならクビになってもおかしくはないはず。それを条件として人事は本人と話し合ってほしい」という。T部長と人事部とはその後何度かやり取りをしたが、結局このT部長の最後の言葉が会社方針となった。

　人事部は、病気で療養中のマークに連絡を取り、通院日の病院の帰りに会社に立ち寄ってもらうことにした。人事部では円満退職を最優先にした。マークにT部長の発言内容を告げて、特別な退職金として給料の3か月分を用意するので退職に合意してほしいと切り出したところ、マークからは「即答はできない」「考える時間がほしい」、ついては「考える材料として特別退職金も含めて今回の件は書面にしてほしい」という申し出があった。人事部は特別退職条件書という表題で特別退職金も含めた書面を作成し、本人に交付した。その際、マークが考える期間を1週間として来週の同じ曜日の同じ時間帯に会社で会う約束をした。

　翌週の約束の日、マークは会社には来なかった。代わりにマークの代理人と称する弁護士から分厚い内容証明が到着した。

1．会社がマークに退職を強要しているが、それは不当であるので撤回と謝罪を求めること。
2．会社がマークに円満に退職してほしいのであれば、年収の1年分相当の保障を求めること。
3．マークの従事する業務を考えれば労基法の管理監督者には相当しないのは明らかであるので、入社以来未払いが続いている残業代、深夜勤務の割増賃金、休日出勤の割増賃金の全額の支払いを求めること。なおこの場合、残業、休日勤務などの合計時間はマークの手帳に記載されている時間記録をもとにし、残業計算の単価はマークに支給されている年俸総額を基準とすること。

　会社としてはマークには退職してほしいものの、要求のすべてに応じるとマークの18か月分の年収相当となる。T部長からは「そんな高額の支払いには応じられない。それにたいした仕事も与えていないので残業などはしてい

ない。もともと能力不足と就業規則上の服務規程違反者であり、就業規則に従えば、解雇もできるはずだ」と強硬な意見もあり、この意見が大勢を占めた。

　会社としては、円満な合意退職が無理であると判断、代理人の弁護士宛に30日の予告期間を設けた上でマークを解雇する旨の通知を送った。しばらくして、東京地裁から労働審判の召喚状が会社社長宛に送られてきた。

　労働審判2回目で裁判長は和解を促したが、会社に提示された和解案は弁護士からの内容証明とほぼ同じ内容のものであった。結果的に会社は多額の和解金の支払いに応じることで本件を解決した。A社の関係者の中には、外国人社員などを雇うからこのような事態を招いたとの意見もあり、当面外国人社員の採用は時期尚早として見送ることになった。

トラブルを防止するには

　外国人社員を採用する場合、日本人社員以上に雇用契約書の内容には注意をする必要がある。特に、従事する業務内容と給与については、詳細に定めなければならない。A社の雇用契約書は、労働基準監督署が参考例として窓口で配布している標準フォーマットをそのまま使っており、マークの場合は従事する業務としては単にトレーダーとしての業務という記載。給与も基本年収〇〇〇円（12分割を毎月支払う）という簡単なものであった。

　マークの場合、即戦力の中途採用者であり、当初想定した業務はトレーディングルーム内の管理監督者相当のスタッフ職が行う業務であり、年俸もこの業務を前提に決定されていたが、雇用契約書にはそのような説明は何もなかった。T部長は、採用面接で何度となくマークに担当してほしい仕事については詳しく説明をしている、年俸もこの業務とリンクしている、と反論しているが口頭の説明内容では立証ができない。

　また、A社の就業規則集はマークにも配られていたが、全て日本語で書かれていた。人事部はマークからはT部長経由で「就業規則の内容を正確に理解することができないので、できれば英語の就業規則を用意してほしい」と言われていたが、業務煩多を理由に対応しないままであった。

本来、就業規則の内容の周知義務は会社が負う。その意味では人事部は外国人社員の採用に当たり就業規則の英訳を用意すべきであった。なお、厳密な議論をすれば、会社が用意する就業規則はあくまでも"英訳"で十分で、英語の就業規則は必要ない。日本語と英語の２つの正式な就業規則が混在する場合、同じ条項の日本語と英語の言葉の解釈の違いが争いに発展する可能性もある。過去の裁判でもこれが争点となり、会社側が不利となったことがあった。かかる無用の混乱を避けるためにも、英語は英訳で十分。表紙には必ずTranslationと注を入れることが重要である。

　マークの働きぶりは最近になって悪くなったわけではあるまい。Ａ社の就業規則には採用後６か月間は試用期間となる旨の定めがあった。しかしながらＡ社ではもともと試用期間を文字通り"試用"として運用したことはなく、人事部もＴ部長もマークの試用期間がいつ終わるのかということすら意識していなかった。

　しかしながら、マークの代理人弁護士は、この点をつき、会社の就業規則によればマークは６か月間の試用期間を無事修了したにもかかわらず、わずかその３か月後に突然上司のＴ部長がマークの働きぶりなどについての問題点を挙げ出した。最初の６か月の勤務が合格で試用期間が無事に明けたにもかかわらず、その３か月後にこのままでは解雇となるような急激な変化は合理性に欠くとして、Ｔ部長の発言を問題とした。

　この弁護士の指摘は正論。特に外国人社員は、試用期間（Probation）に対する意識は日本人社員以上に強い。Ｔ部長がマークの働きぶりや勤務態度に不満であれば、試用期間中を活用して警告を出し、改善の機会を与えるべきだった。また、会社がマークの勤務に不満であれば、就業規則に従い、試用期間を延長する措置をとるべきであった。

　Ｔ部長は、マークの専門知識のレベルがそれほど高くなく、実務経験も思ったほどではないと判断をして、マークをアシスタント職に変更をしたが、かかる職位の変更はその理由を明示するとともに、アシスタントとなれば残業代の対象となるので、当初の年俸もアシスタント勤務期間については、残業込みの年収などに変更する措置を講じ、いずれも書面で本人の確認をとる

べきだった。

　無断の休日出勤、私用の国際電話の疑いなどは、あいまいにせず、その都度本人に事実を確認して就業規則に従い注意を与えたり、服務規律違反の場合は懲戒規定に則した処罰を与えるべきだった。

　能力不足で解雇するには、まずは口頭、次に文書の警告と改善のための機会の付与、研修など必要な手当を行うという手順が必要であり、上記の試用期間も活用して十分に時間をかけるべきだった。

　読者の中には、マークのような事例は外国人社員に限らず生じることがあるとの指摘もあるだろう。しかしながら、就業規則の英訳問題のように、外国人社員の立場からすれば、社内の至るところに"言葉の壁"が存在し、彼らが必要とする情報が正しくタイムリーに入手できないという可能性は十分に起こり得るものだ。

　加えて外国人社員には日本人社員のような阿吽の呼吸は通用しない。なにごとも言葉による正確な説明を求める。自分に関することの一つ一つについての十分な説明と理解と納得を求めてくる。その観点からはA社の人事管理はマークに関することがらの個別合意の形成については怠慢、杜撰だったといわれても仕方がない。

第9章
日本人の海外駐在者と単身赴任者

海外駐在員の趨勢

　外務省が毎年、海外在留邦人に関する統計を発表している。平成23年10月1日現在のデータが入手できる最新のものだ。海外に在留している日本人の数は1,182,557人と前年比3.43％の増加（ただし、この人数には安全上の理由からイエメン共和国在留の邦人数は4月8日現在の数値となっているとのこと）。うち、男性が570,260人（前年比＋3.92％）、女性が612,297人(前年比＋2.97％)となっており、平成11年以降海外在留邦人数は女性が男性を上回っている。

　海外在留邦人のうち、いわゆる永住者は全体の33.8％で、399,907人。永住者は前年とくらべると約15,000人（前年比＋3.99％）増加している。永住者の国別内訳を見ると、全体のシェアでは北米が47.83％と永住者全体の約半数近くを占める。南米がそれに次ぐ19.05％を占め、以下ヨーロッパ12.55％、大洋州13.23％、アジア5.69％と続く。対前年比の増加率を見ると、アジアが前年比8.59％増、大洋州が同比6.16％増となっている。最近5年間の趨勢を見ればこのアジア、大洋州への永住者の増加基調はより鮮明となり、アジアは5年間で12,079人、大洋州は16,578人増加している。外務省では国際結婚者数の増加に加えて、定年退職後に海外で永住する日本人が増えていることがその背景にあると分析している。

　私の先輩たちも定年を迎え、あるいは会社の早期退職に応募して、オーストラリア（シドニーではなくゴールドコーストやケアンズ、パースが多い）やマレーシア、タイなどで第二の人生を迎えようとしている。

　さて、海外在留邦人数から永住者数を差し引いた残りが、海外駐在員を中心とする長期滞在者となる。長期滞在者の定義は3か月以上の海外滞在となっており、これには留学生も含まれている。この長期滞在者数は782,650

人。前年とくらべて23,862人（＋3.14％）の増加。下表から分かる通り、長期滞在者数はこのところ増加基調である。

海外長期滞在者数　　　　　単位：人

地域＼平成	16年	17年	18年	19年	20年	21年	22年	23年 邦人数	23年 全体比	23年 前年比
全世界	302,304	310,578	328,317	339,774	361,269	373,559	384,569	399,907	100.00	+3.99
アジア	7,982	8,371	10,671	13,435	17,944	19,475	20,950	22,750	5.69	+8.59
大洋州	30,183	33,219	36,311	39,553	43,236	46,724	49,840	52,908	13.23	+6.16
北 米	135,584	141,290	15,796	156,739	167,052	174,087	181,130	191,256	47.83	+5.59
中米・カリブ	2,568	3,150	3,174	3,202	3,202	3,260	3,147	3,194	0.80	+1.49
南 米	87,269	84,354	83,400	80,828	80,137	79,107	77,946	76,168	19.05	-2.28
西 欧	36,421	37,671	41,226	43,141	46,772	47,833	48,304	50,204	12.55	+3.93
中・東欧、旧ソ連	518	676	794	783	895	931	968	1,028	0.26	+6.20
中 東	1,249	1,330	1,393	1,382	1,433	14,520	1,644	1,746	0.44	+6.20
アフリカ	530	517	552	621	598	622	640	653	0.16	+2.03
南 極	0	0	0	0	0	0	0	0	0.00	

〈外務省領事局　平成24年速報〉

	増加人数	増加率
全世界	123,647	18.76％
アジア	82,294	36.29％
大洋州	4,586	12.16％
北米	18,935	7.74％
中米	1,731	33.02％
南米	454	8.40％
西欧	9,525	7.74％
その他	6,122	37.91％

　上表は前表をもとに、平成16年から平成23年までの地域別の長期海外滞在者数の増減をまとめたものである。全地域にわたって、おしなべて日本人の長期海外滞在者数は増加していることが分かる。特に、アジアにおける長期海外滞在者が、人数（＋82,294人）、率（36.29％増）と、他の地域にくらべて

も群を抜いた増加人数となっている。最近メディアなどで中国、ベトナムなどアジア地域への日本企業の旺盛な進出意欲が報道されているが、この数字はこれを裏打ちしている。この表の"その他地域"の増加率が37.91％と一番高いが、これは中東への長期滞在者が約３千人、ロシアが約３千人程度と、これまではそれほど多くなかった長期滞在者数が増えていることが要因である。

　海外長期滞在者の中に含まれる留学生は年間ほぼ10万人と言われる。海外留学生の統計の所管は外務省ではなく文部科学省であり、紹介した海外長期滞在者のデータと同列に並べることのできる統計はない。加えて外務省ほど新しい数字は発表されてはいない。

　文科省の統計によれば、留学生ビザを取得して留学している海外留学生は平成14年の111,017人をピークに減少傾向にあり、平成19年（これが入手できる文部科学省の最新統計）104,973人となっている。ざっくりと日本人の海外留学生数は年間ほぼ10万人とすればおおむね正しいようだ。

　ちなみに、海外から日本に来る留学生は約13万人であると言われている。

　話を戻すと、留学生が10万人程度とすれば、50万人から60万人程度の海外駐在員とその家族がいるということになる。また、留学生数が微減あるいはせいぜい横ばいであろうから、海外駐在員数は堅調に増加基調にあると言ってよいだろう。

　振り返れば、海外駐在も日本企業の海外進出の度合いに応じて変化してきている。1956年、当時の経済企画庁が経済白書の中で「もはや戦後ではない」と記し、戦後の荒廃から日本経済は復興を果たした。

　その後1960年代に高度経済成長を実現し、日本の優れた技術の成果である様々な工業製品は欧米の先進国市場を中心に輸出されるようになった。そんな時代の海外駐在員の担当業務は日本からの輸出を中心とした貿易実務であり、彼らは会社の中でも一握りの語学力に秀でた選ばれた社員であった。

　1970年代に入り、それぞれの各国における現地代理店を経由した販売が中心となり、海外駐在員は語学力に加えて、それぞれの代理店各社と日本本社間の様々な利害調整を任されることとなった。1980年代になると、現地に子

会社や相手国企業との合弁会社を設立し、日本本社の製品を直接海外市場に販売するようになった。1990年代以降はこれら海外の子会社や合弁会社の役割が、単に販売だけではなく、製造拠点としての役割も担うようになってきている。特に日本にくらべると人件費が安く、日本に近いアジア諸国では、様々な日本製品が生産されている。現在の海外駐在員の多くは海外の現地法人に出向する。そこで多くの現地の社員と一緒に働くことになる。出向先の立場により、現地法人における経営そのものを担うこともある。

　異文化の地で、多くのローカル社員を雇い入れ、その会社の経営責任を背負うというのは、日本の組織のトップ以上に苦労するところが多いようにも思える。出向先が地元企業との合弁であったりすれば、地元企業から送り込まれた役員と複雑な利害調整を行いながら、経営責任を果たさなければならない。製造、販売、管理などの様々な部門の責任を担うこともあろう。直接マネージする部下のほとんどがローカルの社員となることが多い。場合によっては同僚や直属の上司が現地の社員のケースもあろう。言葉だけでなく、文化、習慣、教育、歴史、風土の異なる環境で育てられた外国人と一緒に働くのも苦労のたえることがなかろう。

　一昔前の海外駐在は、国際部門の社員のみの特殊な事例だった。海外駐在は限られたエリート社員のキャリア形成のためのステップだった。しかし、今の海外駐在は違う。日本の各企業が生き残っていくためには、市場として成熟しこれ以上の成長余力のない日本に留まることなく、製造拠点あるいは販売拠点としての海外比率を引き上げていかなければならない。そんな時代の海外駐在とは、製造、販売、管理など会社のあらゆる部門に属する社員がそれぞれの業務の延長線上として、海外の現地法人に出向して現地の社員と一緒に働く、いわば日本国内の人事異動となんら変わらない。海外駐在員数の増加基調は企業のかかる傾向を証明しているようにも思える。

　実際のところ、私の主催するコンサルティング会社の顧客企業でも、「海外勤務は当たり前」という考え方にたち返り、従来は特殊な勤務扱いであった海外駐在員の人事体系そのものを見直そうとする動きも珍しくない。海外勤務を普通の社員のキャリア形成の一環としてとらえている。

海外駐在者のストレスからの突然死

　確かに海外駐在員数は漸増しており、企業では海外駐在を特別の人事異動ではなく通常の人事異動として位置づけるほど、企業における海外駐在は"当たり前"のようになりつつある。しかし、海外駐在とは住みなれた日本を離れて、"異国"で生活して仕事をすることであり、海外駐在ならではのストレスは厳然と存在する。ましてや、これが健康管理面となると、そのリスクはなかなか厳しいものがある。

　平成24年度版の外務省調査統計によれば、海外在留邦人数のもっとも多い国はアメリカ合衆国の397,937人、これに中華人民共和国（以下「中国」）の140,931人が続く。都市別ではロサンゼルス70,629人、上海56,481人、ニューヨーク54,885人と、2位3位のニューヨークと上海が逆転した。

　これが永住者を除く海外長期滞在者となると、国別ではやはりアメリカ合衆国241,910人、中国は138,829人。都市別では上海が第1位となり48,000人、以下ロサンゼルス29,215人、ニューヨーク42,375人の順。10年前の邦人の中国長期滞在者数は53,000人程度であったので、過去10年間で中国の長期滞在者数は88,000人の増加、3倍に近い急増ぶりである。そんな中国の海外駐在についてのいくつかの統計をご紹介しながら、海外駐在の難しさの一端を紹介しようと思う。

　上海で医療支援に従事している日本人医師が2000年から2003年までの4年間に扱った日本人の患者数のデータがある。患者数は237人。その内の33%に当たる79人が日本人駐在者であったという。この駐在者の傷病者数の推移を見ると、2000年12人、2001年15人、2002年19人、2003年33人と急増している。

　237人の内訳を見ると、4年間を通じて傷病別件数では、心疾患62人（26%）、脳疾患53人（22%）となっており、生活習慣病の悪化が占める割合が高い。具体的には、心疾患は突然死、急性心筋梗塞などで、脳疾患は脳梗塞、脳出血、クモ膜下出血などだった。

　北京で北京天衛診療所を開業している田中医師によれば、2008年の北京オリンピック直前の日本人の患者の傾向としては、年齢別構成は成人男性が高

く、職種による構成は駐在者が高いとの分析結果がある。内科受診者の疾患別分類では呼吸器疾患が4割を占め、トップとなっているとのこと。

　さらに注意を喚起する数字もある。2005年に中国で病気や事故により死亡した邦人の数は、前年比11人増の106人。もっとも多かったのは上海総領事館管内の43人。続いて北京大使館管内29人、広州総領事館管内19人と続く。死因では心臓関連の突然死がもっとも多く、これに脳溢血による突然死が続く。中国の在留邦人の死因のトップは突然死なのだ。医師によれば、突然死とは「事故や自殺などの外因性の原因がなく、それまでまったく病気がないか、あっても安定した状態にあってすぐに悪化する気配がなかったにもかかわらず、突然病気が発症して24時間以内に亡くなること」だそうだ。この数字のうち、企業の出張者と駐在者並びに、旅行者の比率はほぼ同じとのこと。そうすると、106人の死亡者のうち、35人程度が駐在者となる。1年間にこれだけの数の死亡者がいるのだ。

　突然死の原因として心臓疾患、脳疾患と並ぶと、読者諸氏で特に人事部門に携わっている方々は、厚生労働省が認定する過労死基準を思い浮かべられると思う。厚生労働省では、過労死を「過度な労働負担が誘因となって、高血圧や動脈硬化などの基礎疾患が悪化し、脳血管疾患や虚血性心疾患、急性心不全などを発症し、永久的労働不能または死に至った状態をいう」と定義している。また最近では、この過度な労働負担によるうつ病などのメンタル系疾患を起こし、自殺に至るケースも散見され、これも過労死に含めるという広義の解釈も存在する。ここで言われる〝過度な労働負担〟とは具体的には、1か月100時間を超えるような長時間の残業や休日出勤といった長時間労働に加えて、不規則な勤務や精神的に緊張を伴う業務などをいう。

　最後に、厚生労働省が発表する過労死の計数をご紹介しよう。平成21年度に厚労省が過労死として認定した心臓疾患と脳疾患の死亡者数は293件である。前述の中国の駐在員の突然死の数は約35人程度であった。日本における過労死認定者数と同列に論ずることは適切ではないが、中国における駐在員の死亡者数が多いことは分かると思う。海外駐在はますます当たり前の人事異動になると思うが、この数字にはやりきれなさが残る。

海外単身赴任と子女の教育問題

　海外駐在員にとって、帯同する家族、特に子供の教育は頭の痛い問題である。これからの企業では、英語などの語学に堪能で、グローバルな市場で活躍できる人材が必要ということは分かってはいても、いざ自分の子供のこととなると、まずは日本で"立派"な教育を受けさせようとする。

　海外勤務者がいつまでも自分の子供を手元にとどめておかずに、中学生あるいは高校生ぐらいになると、子供は帰国させて、日本にいる同年齢の子供たちに負けないように受験に備えさせようとするのも、親心なのだと思う。その結果として、海外勤務の単身赴任者が生じる。

　少し古いが厚生労働省の平成6年版の労働経済白書「労働経済の分析」によれば、男性の単身赴任者は国内も含めて48万人、男性の雇用者の1.5％に相当する。もっとも、この統計の取り方も、単身赴任はすべて男性という、いかにもお役所らしい。

　私があれこれと探し回った結果、女性の有配偶者の単身者（いわば、女性の単身赴任者）は、10万人という数字にたどり着いた。女性の社会進出がますます進むことを考えると、今後は、女性社員が海外への単身赴任をし、男性配偶者が子供と一緒に日本に残るというケースも出てくるのかもしれない。そういえば、知り合いの学者夫婦（2人とも大学の先生だった）の奥さんが2年ほど海外留学をしている間、ご主人は子供と一緒に日本で留守を守っていた。そんな話を聞いた際に、「学者の世界は中々厳しい」といわば他人事のように思っていたが、ビジネス社会でもそんな例が珍しくなくなることも遠くないと思う。

　それはさておき、先の48万人という男性単身赴任者のうち、海外単身赴任者は15％程度と言われている。そこから推しはかれば、海外単身赴任者数はおおよそ7万人となる。

　国内も含めた単身赴任者に対するアンケート調査で、「何年くらいの単身赴任であれば仕方がないと思いますか？」という質問があった。結果は、35％が1年以内、58％が1年以上3年以内であり、合計すれば全体の93％が単身赴任は3年以内が許容限度であるとしている。しかしながら、実際の単身

赴任期間は、1年以内が30％、1年以上3年以内が39％と、合計すると69％と7割近い、3年から5年が19％、5年超が10％となっている。単身者の3割近くは許容限度と考える3年を超える単身赴任生活を余儀なくされている。

海外駐在員が壊れていく （単身赴任の事例）

　シンガポール。日本にとっては東南アジア、南アジアを中心とした地域への貿易拠点であり、金融市場としても重要な地域である。シンガポールには2,900社もの日系企業が進出しており、在留邦人数も25,000人に達する。シンガポールにも日本人会*があり、そこにはクリニックも常設され、心療内科の医師もいる。

> ＊日本人会：海外に長期間在住する日本人の交流組織であり、その国や地域で暮らす日本人同士の交流、親睦などが目的。企業からの駐在員とその家族だけでなく、留学生やその国で国際結婚した日本人なども参加しており、年齢層や職業など広範囲の会員同士で幅広い情報交換が出来る。

　心療内科の受診者のうち、成人の男性は全体の約2割程度、海外から派遣されている駐在員はそのうちの半数。人数からいえば、それほど多いという実感はない。世界各国の生計調査などで有名なマーサー社が発表した2012年の世界各都市の生活環境調査（世界の主要な225都市をマーサー社が調査分析した結果）によれば、上位は欧米オセアニア諸国が占めるものの、シンガポールは25位、これはアジアでは最高位だ。

　ちなみに東京は44位、大阪は57位、最近日本人駐在員が増加し、生活環境も随分と改善されたと言われるバンコックは115位。シンガポールの生活環境がアジア諸国では際立って優良であることが推しはかられる。そのような生活環境で働くのであるから、仕事上のストレスはともかくとして、海外で生活をする上でのストレスは他の国にくらべるといくらかは少ないように思える。

　シンガポールでの心療内科の事例。Y氏は50歳、これまで日本国内勤務一筋で、それまで海外勤務を上司にも人事部にも希望をしたことすらなかっ

た。また、Y氏自身も海外で働くことになるなどとはいっさい想像していなかった。ところが、同じ事業部門で、こちらは若いころから海外経験のある同僚が、シンガポール転勤の内示を受けた直後に発病、療養が長期間に及ぶ見通しとなったため、急遽Y氏にお鉢が回ってきた。Y氏の子供は一男一女、高校2年と中学2年、いずれも受験を控えて学校と塾の生活を送っている。家族会議の結果、Y氏は単身赴任でシンガポールで頑張ることとなった。家族に対し「シンガポールは治安も良いし、衛生面でも心配もないと聞いている。冬によく風邪をひく父さんだから、年中夏のようなシンガポールはかえって風邪をひかなくてよいかもしれない」などと言い、勇躍現地に赴いた。1年後、Y氏は日本人会クリニックの心療内科の医師から重度の抑うつ状態との診断が下された。

　Y氏は、シンガポール勤務の仕事自体は長年携わっているものなので自信はあったが、部下は全員シンガポールでの現地社員。指示命令も部下からの質問も当然全て英語で行わなければならない。日本語であればもっと正確に、もっと分かりやすく伝えられるはずだという、もどかしい思いを繰り返す毎日を送っていた。生活環境が良好なシンガポールとはいえ、海外で生活するのはY氏にとっては初めてのこと。日本では食事の世話から掃除洗濯に至るまで奥さんに頼り切っていたため、仕事でストレスを抱えて家に帰ってもホッとできない日々だったという。せいぜい、スカイプを使って毎日のように家族の顔を見ながら話をするのが楽しみだったという。だが、Y氏は日本に残した家族に心配をかけてはいけないと思い、元気なふりをしていた。

　中国の事例。F氏は49歳の働き盛り。現地の工場長として着任、2年半後には工場長兼務のまま総経理（日本企業では社長に当たる）にも就任。一層重い責任を担うことになった。総経理就任から10か月経過した頃、急性心筋梗塞で倒れ死亡した。享年52歳。実は中国単身赴任後は、肥満が進行（BMI32）、高血圧、脂質異常症、糖尿病が合併する典型的なメタボリック症候群だった。会社の規定に基づき、会社の費用で現地の大手病院で年1回の健康診断を受診していた。健康診断の結果、さらに詳しい検査をした方が良いという「要検査」の判定だったが、会社からは二次健診の指示はおろか、

健康診断結果に基づく助言指導などはいっさいなかったという。本人が運動不足の解消にとゴルフを始め、2回目のプレー中に急性心筋梗塞で倒れた。なお、遺族は、工場長に総経理を兼務するという過酷な業務実態、加えて単身赴任によるストレスを主因とし、会社が健康管理責任を十分に果たしていなかったため死亡したものと考えて、労災の申請を行った。

　F氏の場合、日本本社に帰れば社員の立場であったが、赴任先の中国では工場長兼総経理であり、日本の社長・経営者に当たるため、労働者性はないとの判断から、労働局は労災の受給資格がないとして労災の申請を拒絶した。

　いずれの事例も、別に私は単身赴任だから、「重度のうつ状態になった」とか「心筋梗塞になった」と断ずるつもりはない。とはいえ、普通の家族と一緒の生活を送っている状況であれば、家族は「重度のうつ状態」の手前でY氏の異状に気が付いたかもしれないし、F氏が「健康診断で要検査となった」との一言で、二次検診の手当を行ったかもしれない。あるいは、家族が一緒であれば、Y氏は仕事で疲れて帰宅した後も家族との会話でストレスは解消され、うつ状態などには陥らなかったかもしれない。F氏は、家での体調を考慮した食事によりメタボリックにもならなかったかもしれない。

　いずれも"かもしれない"という話で、単身赴任とそれぞれの発症事例との間に明快な因果関係が存するものではない。しかしながら、「家族は一緒に暮らす」という当たり前のことが、仕事を理由に中断してしまうという事態には、あらためて考えさせられる。

コスト至上主義の現われなのか？

　欧米企業では、海外駐在に際して単身赴任という状態はきわめてまれである。本人の同意なくしては海外駐在を決定することはあり得ない。また、本人が海外駐在を決定する際には、家族の意見を聞き、全員が同意することが前提となっている。会社も、家族が納得して現地に帯同してもらうため、海外駐在を打診する段階で、本人と家族を1週間程度赴任予定地に"出張"させる。ここで"出張"という表現をあえて用いたのは、家族にも往復の旅

費、宿泊費、日当等、社員と同じ出張規定を準用することが珍しくはないからだ。本人は家族と一緒に、赴任後に住むことになる家を探す。買い物、主治医、子供の遊び場など生活するために必要な情報を収集する。子供が通う学校にも行き、先生との話し合いを持つ。それらの結果を踏まえて、家族で話し合って、海外駐在に同意するかを決める。仮にその社員から海外駐在に対する断りがあったとしても、会社はそれをそのまま受け入れ、本人に人事上のいっさいの不利益的な取り扱いをしない。これが海外駐在の原則となっている。

　先日、私はこんな人事部長と会った。業歴は浅いが、上場にも成功した伸び盛りの会社であり、まずは中国はじめ近隣アジア諸国へ積極的に進出しようとしている会社である。「海外勤務は単身赴任を条件としています」「ただし、日本でも単身赴任に対して特別な対応はしていませんので、海外勤務だからといって単身赴任の特別手当などはいっさい考えていません」「要は、日本で働くのも海外で働くのも一緒で特別な取り扱いはしません。ただし、海外勤務だけは１人で行けということです」「家族帯同を希望する社員ははじめから海外勤務をさせません」「とはいってもあまり長く海外に置くことはまずいので海外勤務は１年から３年程度を目途としています」「そもそも海外勤務といえば、通常の給料に加えて、現地での住宅の手配、日本からの引っ越しなど、ただでさえコストがかかります。これに業務とは直接関係のない家族のための費用までを出すつもりはありません」「海外という手つかずの新しい市場で働くという素晴らしい機会を会社が与えているのです。海外勤務中は24時間仕事漬けで、会社の大きな期待に応えてもらいたいと思います」。

　確かにこの時期日本では珍しい急成長を続けている会社らしい話ではある。

　このような事例は極端な話で、他社ではここまでのことはないと思う。しかし、先日、海外人事の初任者研修を見学した際、複数の会社が家族帯同と単身赴任の場合の費用の比較を行っているという話を聞いた。最初、私は単身赴任は社員本人と留守家族の二重生活を補てんするため、会社からすれば

割高となるので、コスト節減という観点から家族帯同を促そうとの考えが背景にあるのだろうと思った。しかしながら、実態はまるで逆だった。

そもそも海外勤務にあっては、家族帯同者の場合、家族数に応じた住宅の手配、日本人学校など子女の学校教育関係の費用等、本人への給与以外に支払うコストが発生する。これらの費用はいずれも現地の税法では給与とみなされ、その上に所得税が加算される。この所得税まで会社負担となる。実はそれら社員本人以外の費用はばかにならない金額で、比較すれば、単身赴任の海外勤務者の留守家族に対して会社が支払う留守家族手当などよりずっと割高になる。ましてや、日本の教育問題もあり、最初に帯同した子女が一定の学齢に達すると、任期途中で家族だけ日本に帰し、本人が単身で任地に残るケースは珍しくない。会社の海外人事はその都度対応しなければならないという手間暇を考えると、海外勤務は最初から単身赴任を奨励する案を検討しているとのこと。

海外の子女教育の実態

海外の赴任地では、日本と異なり日本人の子女が受けられる教育機会は限定されており、子供に最適な教育機会を探し出すような選択肢はない。いわば親の仕事の都合で、子女は教育の選択が狭まってしまう。

海外での子女教育の実態——小学校、中学校の生徒数の変遷　　　　単位：人

		平成19	平成20	平成21	平成22	平成23	平成24
小学校	日本人学校	14,650	15,017	14,451	14,089	14,753	15,776
	補習校	12,997	13,159	13,190	13,194	13,269	13,739
	現地校	16,833	17,987	18,401	22,255	19,928	19,921
小学校	＊日本人学校＋補習校	27,647	28,176	27,641	27,283	28,022	29,515
		62.20%	61.00%	60.03%	55.07%	58.44%	59.70%
	小学生計	44,480	46,163	46,042	49,538	47,950	49,436

中学校	日本人学校	4,270	4,323	4,241	4,046	4,163	4,454
	補習校	3,572	3,595	3,492	3,281	3,308	3,522
	現地校	6,787	7,171	7,713	10,457	9,529	9,548
	＊日本人学校＋補習校	7,842	7,918	7,733	7,327	7,471	7,976
		53.60%	52.50%	50.06%	41.20%	43.95%	45.51%
	中学生計	14,629	15,089	15,446	17,784	17,000	17,524
合計	小学生＋中学生（日本人学校＋補習校のみ）	35,489	36,094	35,374	34,610	35,493	37,491
	小学生・中学生総合計	59,109	61,252	61,488	67,322	64,950	66,960

（外務省統計資料）

　上の表は外務省発表の海外子女教育の実数の推移である。外務省の統計数字では残念ながら、義務教育である小学校と中学校の海外子女数しか把握していないようだが、海外での小学生・中学生の合計人数も平成19年の59,100人から平成24年の67,000人へと増加している。6年間の増加率は約13％と、増加基調といえよう。。

　私が勝手に集計した少々面白い傾向が、日本人学校と補習校の占める割合の比較表から読みとれる。日本人学校と補習校は、海外の日本人子女に対して日本語教育を行っている。それ以外の学校（現地校）では、日本人子女に対する日本語教育は行っていない。日本人学校と補習校の占める割合が小学校では総児童数の6割を超しているのに対して、中学校の生徒数では5割程度でしかない。

　次に、少々乱暴な議論を展開しようと思う。小学校が6年間、中学校が3年間であることを考えれば、仮に海外での日本人小学生全員がそのまま海外で中学生になれば、おおよそ小学生数の半分の人数が海外での日本人中学生の人数となるはずである。かなりラフな想定からでも、はっきりとした結論が導き出される。次表は海外子女の中学生数と小学生数の割合を示したものだが、理論値では小学生数の5割近くが中学生数の割合となるはずであるが、実際は3割前後でしかない。中学生ともなると、海外駐在員は子女の高校、大学などへの進学事情から、子供だけでも帰国させることを考えはじめ

ている。実際、多くの海外駐在員を抱える企業の海外人事の方々からは、そのような話を聞くことが多い。

海外子女の中学生数と小学生数の割合

		平成19	平成20	平成21	平成22	平成23	平成24
＊参考	中学生／小学生の割合	32.9%	32.7%	33.5%	35.9%	35.5%	35.4%

　社団法人日本在外企業協会が、海外子女教育について定期的な調査を行っているが、最新（2009年）の調査（116企業からのアンケート結果）によれば、海外駐在員が帯同する子供の学校の種類別の割合は、小学生が41％でもっとも多く、次は幼稚園児の19％、未就学児童の18％、中学生14％、高校生6％、大学生2％という割合だった。それぞれの学校の在学年数の違いを念頭におけば、ここでも、小学校から中学校、高校、大学へと高年齢になればなるほど、海外での子女は減少してくる。

　アメリカやフランスの海外の学校は、「自国の教育をそのまま他国でも広める」という明確な方針があるといわれている。すなわち、自国内と同じ教育がそのまま海外での教育となっている。これに対して日本人学校はどうだろうか。たとえば、香港の日本人学校は、以下の4つの教育理念を掲げている。

1．自らの学ぶ意欲をもち、確かな学力を身に付ける生徒（知育）
2．互いの違いを認め合い、思いやりのある行動ができる生徒（徳育）
3．健やかで、たくましい心と体つくりに努める生徒（体育）
4．自他の文化を尊重し、国際人として歩む生徒（国際性）

　この4つ目の国際性を掲げるのが、日本人学校の共通の特徴である。海外の日本人学校なのだから「国際性」を掲げるのが当然だとの考えなのだろうが、これを掲げた瞬間に、日本人学校は日本の学校の中では特殊な教育の場となる。アメリカやフランスの海外学校では、このように「国際化」をわざわざ掲げはしない。

帰国子女の適応障害

　外国で教育を受けた子女が日本に帰ってくると"帰国子女"と呼ばれる。考えてみるとなぜこのように子供を区別して呼ぶ必要があるのか？　と素朴な疑問を覚えるが、専門家の研究によれば、彼ら帰国子女は帰国して日本での生活が始まると、「適応障害や明らかな不適応を起こす」ことが多いという。

　不適応は、まず帰国直後から１か月程度の間を第１フェーズと呼び、カルチャー・ショックや直接的には時差ボケによる疲労こんぱいが観察される。帰国後１〜３か月程度で、日本語とそれまで親しんだ滞在国での言語とのギャップから生じる言語的欲求不満が最高になる。言語障害を起こすことも珍しくない。これらの時期を経て、次第に落ち着き、新しい社会や学校との一体感や帰属意識が徐々に芽生えてくるという。

　しかし、適応には個人差があり、長い間、異文化適用がうまくできない事例も散見される。

　この帰国子女の不適応だが、日本に長く住んでいる友人（外国人）によれば、「子供の頃に海外で長く生活すると、帰国してからいわゆる異文化のギャップを感じることは誰にでもある。これは日本人の帰国子女に限らない。たとえば、日本で生まれ育ち大人になってから帰国したガイジンにくらべると、海外から帰ってきた日本人の帰国子女のほうが何倍も苦労しているように思う」と。

　この一言は新鮮な驚きだった、私も周囲を見渡してよくよく考えてみれば、心から同意できる言葉だった。たまたま日本のインターナショナルスクールを卒業したオーストラリア人を知っている。彼は日本から帰国してオーストラリアで苦労したというようなことはなかったという。オーストラリア人から見ても彼は根っからのオージーとしか思えないという。もちろん、日本という異文化の中で子供時代を過ごしたのだから、オーストラリアに生まれ育ったオージーとは違う部分はあるのだろうが、普段の生活にはそんな違いを感じさせるものはない。

　帰国子女の不適応は、周囲が帰国子女に「海外は日本と異なる特別な環境

であり、帰国したからには日本と言う環境になじむ」ことを暗に要求するために引き起こされるといわれる。そのような周囲の環境に敏感に反応して、帰国子女自身も海外生活と日本の生活との違い、周囲と自分の違いに必要以上に神経を使い、関心を向けすぎるために不適応が起きるように思う。

第10章
中国の労働法

日中関係の概況

　中国の国内総生産は日本を追い抜き、世界第2位の経済大国となった。国内総生産をドルベースで比較すると、2011年度は中国が7.32兆ドルに対して日本が5.90兆ドル。前年2010年が、日本が5.51兆ドル、中国が5.93兆ドル（2010年、2011年のそれぞれの対ドル換算レートの変動があるため、単純な暦年の比較は不適当）であったことを考えると、中国経済の急成長ぶりがうかがえる。（内閣府発表。）

　一方で日本経済は、小泉内閣の一時期を除いて、約20年にも及ぶ低迷が続いており、この先も少子高齢化、これに伴う社会保障費負担の増加などで、肝心の国家の足元が揺らいでいる。日本経済を立て直すためには、近隣で成長著しい中国との良好な関係の構築と維持、発展が不可欠であることは論をまたない。

　事実、日中間の貿易面でも、2012年通年の日中貿易は総額3,336億6,442万ドル（前年比3.3％減）。通年ベースで過去最高の貿易高となった2011年は下回った。輸出は1,447億9440万ドル（10.4％減）、輸入は1,889億5,498万ドル（3.0％増）。次表は日中貿易の過去20年の推移だが、若干の凸凹はあるものの、2011年までは日中貿易はまずは堅調に増加している。（注：計数、グラフともにジェトロ調査による。）

　アメリカのシェアは2012年度12.8％と前年比で0.8ポイント低下し、中国との差は6.9ポイントにまで拡大した。

　中国に対する日本の直接投資を見ると、90年代後半に一時低迷したが、中国がWTO（World Trade Organization 世界貿易機関　自由貿易の促進を目的とする国際機関）に加盟した2001年以降急速に増加。2012年度は財務省統計（速

日中貿易の推移

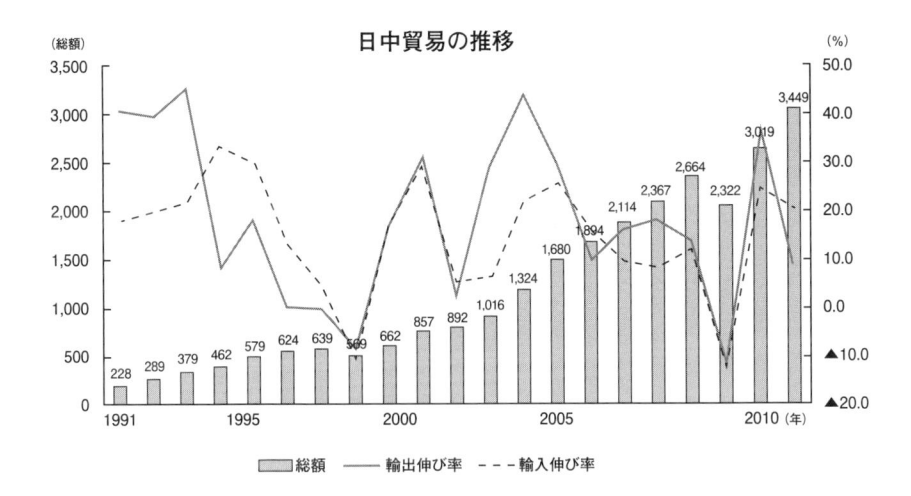

年	総額
1991	228
	289
	379
	462
1995	579
	624
	639
	569
	662
2000	857
	892
	1,016
	1,324
	1,680
2005	1,894
	2,114
	2,367
	2,664
	2,322
2010	3,019
	3,449

■総額　―輸出伸び率　---輸入伸び率

報ベース）によれば10,745億円と、日本の直接投資総額の11％。トップのアメリカの25,560億円（26.1％）に続く第2位の地位。対中投資の特徴は、製造業のシェアが69.2％と高い点だ。やはり、日本の隣国であるという立地関係に加えて、安価な労働力という優位性は今も崩れてはいない。同時に、中国市場の成長性を評価して、卸小売業やサービス業を中心とした非製造業の比率も徐々に高まってきている。また、国際協力銀行が行った日本の製造業の海外における事業展開の調査結果を見ても、中国は1995年から2012年まで有望な事業展開の相手国として、他の国々を圧倒的に引き離してトップのポジションを保っている。中国の在留邦人数を見ても、外務省統計では、2012年は140,931人とアメリカの397,937人に続き第2位の位置にある。例えば、中国で在留邦人数の一番多いのは上海の56,481人だが、10年前の上海の在留邦人数はわずか5,000人強であったという。特に最近10年間を見ると、中国は日本にとって大変重要な国となっていることは間違いがない。

　しかしながら、問題はグラフ（次ページ）に代表される日本人の対中国観である。

　このグラフは、第二次大戦以降日本にとってもっとも重要なパートナー国であるアメリカと近隣のアジア諸国の中で、先の大戦で日本が迷惑をかけた

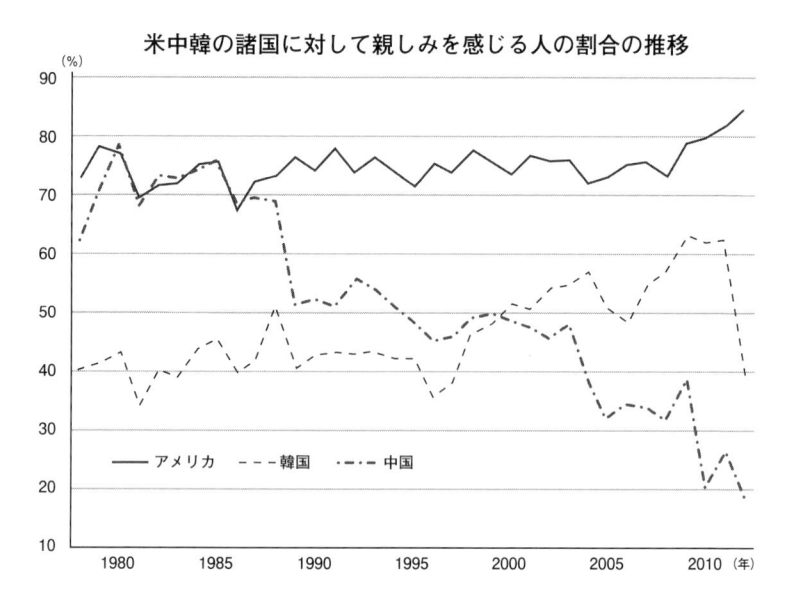

米中韓の諸国に対して親しみを感じる人の割合の推移

(注) 各国に対して「親しみを感じる」と「どちらかというと親しみを感じる」の合計である。
それぞれの国についての個別の問に対する回答をひとつの図にした。
(資料) 内閣府「外交に関する世論調査」

韓国と中国という、3つの国に対する日本人の好感度を1978年から2012年まで調査した結果である。

　日本人が持つアメリカに対する親近感はこの30年間常に高位置にある。経済ばかりでなく政治・外交面でも常にアメリカは日本の重要なパートナー国であると同時に、芸術や文化面などでも深い関係があり、日本人にとっては親しみのある身近な国となっている。

　韓国については、サッカーのワールドカップの共同開催（2002年）や、「冬のソナタ」に代表される韓国ブームなどもあり、2010年までは"親しみ"を感じる国であった。これが、竹島問題で急変した。直近の調査で韓国を「親しみを感じる」と回答したのは、39.2％、前回の調査比22.6％もの大幅な減である。日本人の韓国に対する感覚は2006年以降の地道な日韓交流により約6割の日本人が韓国に対して好印象を持っていたのだが、韓国前大統領の竹島上陸を機にせっかくの友好関係が崩れてしまった感がある。

中国はどうか。日中国交の正常化が成ったのは1972年。その頃の中国は日本人にとってはアメリカとほぼ同じくらいに親しみやすい国だった。それが大きく落ち込んだのは1989年で、きっかけはあの天安門事件である。前年の68.5％から51.6％、約17％の急落である。天安門事件をきっかけに日本人の2割弱が中国に対してネガティブな感情を抱くに至った。その意味でも看過できない大きな事件であった。1992年の天皇訪中で若干改善された数値は、その後の江沢民による対日強硬路線で再び悪化した。その後も2005年の中国各地で始まった反日デモ、2010年の尖閣諸島沖の中国漁船の衝突事件、2012年の反日デモなど、日本人が持つ中国に対するイメージを損なう大きな事件が生じ、中国に対する日本人の親近感は低くなる一方である。

このように、アメリカとは対照的に、韓国・中国は日本にとっては決して良い印象ではない国となっている。特に、中国に好ましくない感情を示す傾向が続いている。私の知人にはグローバル人事に携わっている人が多く、多種多様な国籍の社員を抱え、公平公正な人事労務を実現するために苦労をされている。この人たちも、きっぱり「個人的には中国は嫌いです」という。

一方で、その中国と日本は経済面で益々深く結びついている。その結果、既述の在留邦人数の動向を見ても中国に駐在する日本人も増加基調にある。

海外に駐在する日本人にとって、人事労務は頭の痛い問題だが、特に中国は他の諸国にくらべると一層難しい国のようである。

日本の労働基準法と中国の労働基本法

中国における海外人事を論ずるに当たり、人事労務の土台ともいえる中心的な労働法を比較分析してみる。

個別の労使関係、人事労務の実務を考える際に、日本でもっとも重要な労働法は労働基準法である。労働基準法は第二次大戦後の1947年に制定公布された。1945年、46年と連合国最高司令部（GHQ）主導のもとで社会民主化の諸施策が推進され、労働者の保護と労働組合の結成の奨励を狙った労働組合法、労働関係調整法がまず制定公布された。労基法制定時は、ILOで定められた労働時間などの国際労働基準を念頭に、わが国の労働条件の最低基準を

定め、刑罰と監督という強行法規の性格もあわせもって、労働条件の最低基準の確保を担保しようとしたものである。

労働契約との関係を見ると、労基法は、「労働契約を結ぶ場合に守らなくてはならない事項」を定めるのが主目的であり、労基法は、会社と労働者が締結した労働契約の有効か無効かを判断するための基準を示したものではなかった。日本では2008年の労働契約法の施行まで、労働契約に関する包括的なルールは存在しなかった。

2008年の労働契約法も、「(従来の主要な雇用形態であった正社員に加えて、契約社員、パートタイマー等々、また、派遣や業務委託、請負など) 就業形態・就業意識の多様化に伴う労働条件決定の個別化の進展や経営環境の急激な変化、集団的労働条件決定システムの機能の相対的な低下 (労働者の組合離れに代表される労働組合の結成率の低下と、景気の長期低迷を背景に賃金の上昇も長期間抑制基調が続き、春闘に代表される賃金交渉が下火となり、労働組合の存在意義、プレゼンスが薄れてきた)、労働者の個別労働関係 (解雇、賃金の引き下げに代表される個々の労働者の労働契約に関する事項の) 紛争の増加」(「今後の労働契約法制の在り方に関する研究会」報告から抜粋) という最近の労務事情を背景として成立したものである。「労使当事者が社会経済状況の変化に対応して実質的に対等な立場で自主的に労働条件を決定することを促進し、紛争の未然防止等を図るため、労働契約に関する公正かつ透明なルールを定める新たな法律 (労働契約法) が必要となり、制定されたものである。

労働契約法は民法における契約の考え方を踏まえて、これまで判例等の蓄積で培われた労働契約の締結や解消、就業規則との関係等に関する事項を網羅的にまとめたもので、人事労務の実務家からすれば、これまで実践してきたことを法として後付けに定められたようなものでしかない。したがって、日本における人事労務実務の基本はやはり1947年に制定された労基法といえる。

一方で中国はどうか。本邦労基法の定めの内、人事労務の現場に共通して重要と思われる項目と中国労働法各法の比較を次表のように作成してみた。国が違えば、それぞれの法律の立法の背景が異なるのは当然だが、次表から

日本の労働基準法		労基法に対応する中国の法律
第2章	労働契約	労働法と労働契約法
第3章	賃金	労働契約法と賃金支払い暫定規定
第4章	労働時間、休憩、休日及び年次有給休暇	労働法と従業員年次有給休暇条例
第6章の2	妊産婦等	労働法
第8章	災害補償	労働法
第9章	就業規則	労働契約法

すれば、中国の労務を考える際に、注意しなければならない主要な労働法は、労働法、労働契約法、賃金支払い暫定規定、従業員年次有給休暇条例の4種類ということになろう。面白いことに、労働法と賃金支払い暫定規定の成立はともに1995年、労働契約法と従業員年次有給休暇条例の成立は2008年である。その背景を見ると1989年の天安門事件の影響は触れざるを得ない。天安門事件によりそれまで推進してきた改革開放政策が大きく頓挫する。諸外国もこれに抗議し、経済制裁で対抗した。1989年、1990年と中国経済は冬の時代を迎える。

しかしながら1991年に日本を嚆矢とし、天安門事件を理由とする諸外国の経済制裁が次々に解除される。1992年には江沢民・朱鎔基政権下による新しい体制が始まる。江沢民の「計画経済の終焉と競争を正面から見据えた社会主義経済の開始」という言葉に代表されるように、改革開放政策は再び力強く推進されるようになった。人民公社解体後の郷鎮企業（中国の郷〈村〉と鎮〈町〉における中小企業）の成功により富裕層が生じ、鄧小平の唱えた先豊主義（先に豊かになれる者から豊かになろうという思想）から極端な経済至上主義が中国全土に蔓延するようになったのもちょうどこの頃である。1995年の労働法や賃金支払い暫定規定はかかる事情を背景として成立した。特に労働法は、日本の労働基準法にくらべると、雇用契約期間1年の契約社員を原則とする等、労働者にとっては厳しい労働条件を許す側面があった。

2001年には、1995年の申請以来の悲願であったWTO（World Trade Organization）加盟も成り、2002年からは新しく胡錦涛（温家宝首相の就任は

2003年) 体制がスタートした。私有財産の保護、外資系企業への一層の門戸開放等の策により、改革開放政策はさらに推進される一方で、前政権の経済発展優先主義を修正し「和楷社会（調和の取れた社会)」、中国社会での格差是正を志向するようになった。2008年に成立した労働契約法、従業員年次有給休暇条例にはかかる背景があり、社会的弱者である労働者の保護をねらっている。

ちなみに、日本の労基法も、民法の契約当事者の対等原則だけでは不利となりがちな、（雇用契約の一方の当事者である）労働者の保護を目的として成立している。

このように、労働実務を考える際には、1995年の労働法と賃金支払い暫定規定（特に労働法）と2008年の労働契約法と従業員年次有給休暇条例（特に労働契約法）を忘れてはならない。また、日本の労働実務家にとっては日本の労基法との比較により、中国の労働法体系がより身近に感じられると思う。

中国の雇用契約の締結（労働契約法第10条）

日本では、雇用契約は諾成・有償・双務契約と定義づけられ、民法に従うかぎりは必ずしも雇用契約の締結は必要とされていない。

労働基準法第15条では、重要な労働条件についての書面による明示義務を定めるが、契約の締結を定めてはいないため、契約書のような双方合意の様式ではなく、会社による一方的な書面として「労働条件通知書」を労働者本人に提示することで足りるとしている。

一方中国では、労働契約法第10条で「書面による労働契約（雇用契約と同義）を締結しなければならない」と明確に定めている。ここで興味深いのは、同法における書面による雇用契約が締結されない場合のペナルティーの条項。雇用契約がないまま雇用が開始される場合、遅くとも雇用開始後1か月以内に雇用契約を締結しなければならないと規定し、仮に雇用契約が雇用開始後1か月以上1年未満の間に締結されない場合は、雇用1か月に付き2倍以上の賃金の支払いを義務づけている。なお、雇用開始後1年以上雇用契約の締結がない場合は、当該雇用契約は期間の定めのない雇用とみなされる。

中国の就業規則の制定と修正（労働契約法第4条）

　第1章で、アメリカには労働条件を包括的かつ詳細に説明する社員ハンドブックなるものは存在するが、それは会社がその内容を一方的に修正してもかまわないような工夫も許されている代物で、日本でいうところの就業規則は存在しなかったと述べた。

　中国ではどうだろうか？　中国では労働契約法第4条で、「使用者は法により労働規則制度を確立し、かつ整備しなければならない」と就業規則の制定と整備を会社の義務と定めている。

　続いて同法第4条では、「使用者は、労働報酬、労働時間、休憩休暇、労働安全衛生、保険福利、従業員の研修、労働規律及び労働定量の管理（労働定量とはいわゆるノルマなど会社が社員に課する目標値のようなもの）等に関する、労働者の密接な利益に直接関わる規則制度または重要事項を制定、修正または決定する場合、従業員代表大会または全従業員による議論の上、試案及び意見を提出し、労働組合または従業員代表と平等な協議の上確定しなければならない」と定めている。

　就業規則には、これら以外の事項も言及されていると思われるが、労務管理上、特に重要と思われる労働条件はここで列挙されている事項だと思われる。これらについての制定や修正には、労働組合または従業員代表との平等な議論が必要とされる。特に、日本企業の中国進出にあたっては、このあたりの労働条件の修正にはくれぐれも注意する必要があろう。

　また、中国の労働法を研究している複数の専門家の意見をチェックしてみたが、異口同音に労働契約法第4条で定められた事項以外の就業規則の制定や修正は、面倒な手続きなしに会社ができるという解釈であった。果たしてどうだろうか、いまだチャレンジした事例は耳にしないが、労働者の密接な利益に直接関わらない労働条件を制定したり修正したりするのは会社が自由にできるとしても、労働者の利益に直接関わるか否かの判断は、会社が行うことができると同時に労働組合や従業員代表も行うことができると思う。

　結論としては、常に、労働組合や従業員代表との間での労使間の協議の仕組みづくりが重要だということになろう。これは日本の会社にとってはかな

り高いハードルに思える。

　日本の労働基準法は第90条では、就業規則の作成、変更の場合「従業員代表の意見を聞く」との定めがある。人事労務の世界の笑えないジョークに、就業規則を変更するに際して従業員代表から「今回の変更には反対である」という意見を聴取して変更を行ったというものがあるが、日本の労基法に照らせば、これも合法であって問題はないとされる。中国とくらべると制定・変更の手続きは随分と違う。

中国の試用期間（労働契約法第19条）
　日本では試用期間については、労働基準法第21条の解雇の予告の除外規定で「試の使用期間」という表現があるが、試用期間についての明確な法の定めは存在しない。判例の積み重ねにより、1年を超える試用期間は長すぎるという解釈が定着している程度である。また、就労形態の多様化により、期間の定めのある有期雇用者数が増えているが、彼らについては、もともと試用期間は長期雇用を前提とした上での制度であるはずなので、雇用期間が限定されている有期雇用者には試用期間は設けるべきではないという意見もある。

　中国では、明確に法により雇用契約の雇用期間が3か月以上1年未満の場合は1か月まで、1年以上3年未満の雇用期間では2か月まで、3年以上では6か月までの試用期間との定めがある。

中国の就業規則と罰金制度
　労働契約法や他の労働法とは異なるが、中国の会社の就業規則を複数レビューすると、実に様々な種類の罰金が懲戒規定に盛り込まれている。

　日本では労働基準法第16条（賠償予定の禁止）に「使用者は、労働契約の不履行について違約金を定め、または損害賠償額を予定する契約をしてはならない」と明記し、罰金制度を禁止している。なお、懲戒制度の一環として、賃金の一部を一時的にカットする減給の制裁は罰金ではないとされている。

一方中国では、唾を吐いたら罰金、不良品を見逃したら罰金、遅刻も罰金、会社の電話の私的利用も罰金、タイムカードの押し忘れ、名札の不携帯、最終退出者の執務室のエアコンの消し忘れも罰金と、本当に幅広い。社員が退職する際の罰金も可能である。たとえば、会社が優秀な社員だからと日本本社へ特別に研修に行かせたところ、研修が終わって中国に帰国してすぐに退職した場合に、その社員に罰金を課すというルールを、本人と会社の間で事前に作ることができる。もちろん、過大な罰金は違法とされ、また、長期間の勤務を強制することもできない。

　実際の罰金額は、当初設定された罰金総額から、その社員が研修後勤務した期間に支払われた賃金相当額を差し引いた残額となるとされる。かつて日本企業の研修予算が潤沢だった頃、企業研修で海外留学した社員がMBA取得後、より給料の高いマネジメントコンサルティング企業などに転職するためにすぐに退職することが相次ぎ、各社とも対応に困っていた。これが中国であれば対応策は簡単に策定できたことだろう。

　ただし、中国では、罰金を会社が管理して、福利厚生や社員の新年会などに供出されるという。社員に還元される仕組みが付加されているのであれば、罰金制度もいくらか救われる。

中国の有給休暇は前の会社での勤務期間が通算される
（従業員年次有給休暇条例）

　日本では、労働基準法の定めをいちいちだすまでもなく、有給休暇の付与日数はそれぞれの会社における勤続年数に応じて決定される。

　中国では、複数の会社に勤務した場合、累計の勤務期間が連続して12か月以上あれば、有給休暇を付与される権利が生じるとされている。

　なお、条例によれば、付与される有給休暇日数は、累計勤務期間が1年以上10年未満であれば5日、10年以上20年未満は10日、20年以上は15日とされている。また、有給休暇は年始から年末12月31日までの期間を基準としているため、たとえば、累計勤務期間が5年の人を7月1日付けで雇用した場合の有給休暇は5日×1/2＝2.5日、1日未満は切り捨てなので2日間というこ

とになる。また、未消化の有給休暇について、会社は賃金の300%の賃金報酬を支払わなければならないとされている。これも日本の労基法に慣れ親しんだ労務管理の担当者には要注意であろう。

有期雇用から無期雇用の奨励への変更（労働契約法第14条）

　中国の労働契約法が施行される際に、日本で大きな議論を巻き起こしたのが同法第14条である。1994年に制定された労働契約法のもとでは、中国は社会主義国家であるにもかかわらず労働者にとっては好ましくない雇い止めを認める有期雇用が雇用形態の主流となっていた。雇用保障に伴う直接間接の労働コストが他の国（特に日本）にくらべ割安に済むという点では、会社にとってこれほど好都合な雇用の仕組みはなかったが、中国経済の成長に伴い、格差の問題が大きくクローズアップされ、この仕組みが大きく見直されることとなった。

　中国では、従来の有期雇用を固定期限労働契約と呼ぶが、これに対する無期雇用を無固定期限労働契約と呼ぶ。労働契約法第14条の内容が発表された当時、日本のマスコミも「中国での新しい労働契約法では労使間で協議の上終身雇用契約を結ぶように求めている」「中国でも終身雇用を導入」「中国がいよいよ労働者保護へ大きく舵を切った」「工場で働く工員も生産調整のためとはいえクビにはできない」「アルバイトも簡単には雇えなくなる」という報道が多かったように思う。

　今でも中国の労務管理を論ずる際に、固定から無固定への変化について、終身雇用の積極的導入という説明を行う中国専門家は多い。

　しかし、中国の労働当局は、労働契約法施行直後に「法理面から説明すると、無固定期限労働契約は決して期限がないという意味ではなく（筆者注：終身雇用ではない）、明確な終了時期をあらかじめ定めないということだ。こうした契約は雇用側の負担にはならない。法定の条件を満たせば、雇用側は労働者との労働関係を解消することができる」とコメントしている。

　確かに、雇用期間が従来よりも長期化することは間違いなく、行政当局もその趣旨に沿い会社を指導していくはずである。

日本でも、日本通と自称する外国人経営者が、「日本では一度社員を雇うとクビにはできないから、その点は本当に難しいですね」と言ったりするが、こんな発言は正しい日本の姿ではない。終身雇用などはすでに崩れ去ってしまっているし、会社の業績不振の場合ばかりでなく、不採算部門の撤退、合理化効率化の推進による人員削減などを理由とする解雇や雇用調整は珍しくなく、成績不振や能力不足の社員に対する退職勧奨、普通解雇なども当たり前のように行われている。とかく外国のことはちょっとした変化が大きく報道されがちである。冷静に現地の事情を分析すると、実際の事象は報道されているほどのことではないということはよくある。

　中国の労働契約法第14条についても、期間の定めのない雇用契約を締結しなければならないのは、「第1項　当該使用者における労働者の継続勤務が10年以上である場合　第2項　略　第3項　期間の定めのある労働契約を連続して2回締結し、（中略）に該当せず、労働契約を更新する場合」とある。

　特に第14条第3項の有期雇用は2回までということの日本での反響は大きく、1回ごとの雇用期間をできるだけ長くして、無期雇用への転換を回避しようというようなことを提案する中国専門家もいた。私自身は、この種の議論を行う前に、人事がよく検討しなければならないのは、この"中略"部分だと考える。第14条で私が中略とした個所、労働契約法第39条「労働者が次の各号に掲げる事由のいずれかに該当する場合、使用者は労働契約を解除することができる」と同法第40条「次の各号に掲げる事由のいずれかに該当する場合、使用者は30日前までに書面で労働者本人に通知しまたは労働者に対し1か月分の賃金を支払った後、労働契約を解除することができる」という部分だ。

　すなわち、中国の労働契約法では、雇用契約を解除できる事由を例示列挙している。労務管理の担当者にはこの点の分析がより重要なのではないだろうか。以下、列挙する。

　39条では、
(1)試用期間において採用条件に合致しないことが証明された場合
(2)使用者の規則制度に大きく違反した場合

⑶ 重大な職務上の過失を犯し、私利のため不正を働き、使用者に重大な損害をもたらした場合
⑷ 労働者が同時に他の使用者と労働関係を確立しており、本来の使用者における業務上の任務の完了に著しく影響を及ぼすかまたは使用者の申し入れにもかかわらず是正しなかった場合
⑸ 第26条第1項＝詐欺、脅迫の手段によりまたは他人の苦境に乗じて、真実の意思に反する状況の下、相手方に労働契約を締結させまたは変更させた場合
⑹ 法により刑事責任を追及された場合

第40条の1か月前の予告または賃金支払いが必要なケースは、
⑴ 労働者が疾病または業務外の負傷により、規定された医療期間の満了後に元の業務に従事することができず、使用者が別途手配した業務にも従事することができない場合
⑵ 労働者が業務に堪えることができず、研修または職務調整を経た後もなお業務に堪えることができない場合
⑶ 労働契約の締結時に根拠とした客観的な状況が著しく変化したため、労働契約を履行することができなくなり、使用者と労働者による協議を経ても、労働契約の内容の変更について合意に達することができない場合
とある。

　　＊社員が疾病または業務外負傷で欠勤する場合、前職等も含めた実際の勤続年数とその会社における勤続年数との組み合わせで、会社が有給（賃金の80％以上）で補償しなければならない期間＝医療期間（3か月から24か月）が定められている。

　日本法人の人事労務を担当されている方はすぐに分かることと思うが、手元にある自分の会社の就業規則の普通解雇、懲戒解雇の定めを参照していただきたい。特に労働契約法第40条の例示列挙は、就業規則の普通解雇の定めに酷似しているはずだ。日本では解雇事由についての明快な法の定めがないため、各社就業規則でそれを定めている。中国ではこれを労働契約法で定め

ている。
　そうなると、労働契約法施行後、現地の労務管理は、いっそうきめ細かく実施し、それを支える人事制度もガラス張りで分かりやすいものが必要とされることになる。

第11章
中国の労務管理

毎日が賃上げ交渉──アジア地区の人事責任者の中国出張

　私は、中国の人事労務に関して本章を纏めるにあたり、中国での勤務経験のある人事の実務家数名と会い、彼らの苦労話を聞いた。これから紹介するのは、ある企業グループの国際人事のアジア地区統括責任者の話。彼は中国現地法人の人事部長の上司である。その企業グループにとって中国は最重要拠点。したがって、彼も年に何回かは中国に出張している。出張を繰り返すうちに、現地法人の中国人社員に、彼が人事部長の上司であることが伝わった。

　出張すると、初日から「○○さん。ちょっとお話があります」と現地のいろいろな人に声をかけられる。最初は、現地の人事労務管理で何か問題があるのかと思い、思わず緊張したが……。最初の出張の時に、日本本社と同じように社員に対して「相談があれば遠慮なく言ってきてほしい。自分でできることは努力しよう」と気軽に言ったのが間違いだった。

　中国人A社員。「2か月前から、退職した人間が担当していた仕事の一部が自分に割り振られた。自分は一生懸命働くし、能力もあるので、この新しい仕事もキチンとこなしている」「それなのに給料が少しも上がらない。仕事が増えたのだから、その分給料が上がるのは当然ですよね。何とかしてほしい」という。

　B社員。「先月から同じ経理課に入社してきた新人がいる。前の会社でも経理をしていたらしい。その人の給料が私よりも多いことが分かったのです。これは不公平です。私の給料をすぐに上げてほしい」と。「他の社員の給料など正確には分からないでしょう。あなたが気にしすぎているのではないですか？」と尋ねたところ、「先月の給料日にお互いの給料明細を見せ合

って比較したので間違いありません」という。

C社員。「友人が日系のXX社に就職した。私と同じような仕事をしている」（今度はその戦法かと、こう続くと相手の出方も読めてくるが、案の定……）「友人の給料が私の給料よりも3割も高い。これは私がこの会社で仕事していく上で大変まずい。すぐに給料を見直してほしい」

それでいて、たとえば週末を挟む中国出張の時などは、「週末ホテルで1人ではさびしいでしょう。家に食事に来ませんか」とか、「家族へのお土産などの買い物に付き合ってあげますよ。安くて良いものを売っている店に連れて行ってあげますから」など、彼の人徳もあるのだろうが、親切に声をかけてくれるという。「金の話さえ、もう少し"綺麗"なら本当に付き合いやすい良い人たちなのだがなあ」と彼はいう。

余談ながらその現地法人の人事部長は中国人、社長、副社長は日本からの出向者。彼ら日本人の社長・副社長コンビは異口同音に、「年に1回の定期昇給の時期はもっと大変ですよ。全社員の顔つきが変わるんです。普段はあんなに温厚な人が、なかばけんか腰で、自分の給料の見直しを迫ってくるんです」「仕事も好き。社長さんも会社も好きです。でも私には家族がいます」と泣きついてくる人もいるという。

賃上げを巡る深刻なトラブル

中国の日系自動車部品製造会社で、ストライキにまで発展した深刻な事例がある。2004年に最低賃金規定が公布され、労働者が法定の労働時間に通常の労働を提供する場合、使用者が法により支払わなければならない最低賃金が規定されることになった。最低賃金水準は、都市部の住民の生活費の支出、社員個人が納付する社会保険料、住宅積立金、その地域の従業員の平均賃金、失業率、経済成長率などの要素を考慮して起算される。また、最低賃金は少なくとも2年に1回改定されることとなっており、最近は2009年を除くほぼ毎年、その水準が見直されている。

その工場では基本給と諸手当を合算すると、その都市部の最低賃金を上回っていたが、基本給は下回っていた。社員側は、基本給をその都市部の最低

賃金の2倍に引き上げること、日本人管理職を含む全社員の給料を公開すること、を要求してストライキに入った。当初は一部職場の社員だけの動きであったが、たちまち全社員に広がった。労働組合である工会が調整に入ろうとし、具体的には会社と工会との協議会を提案したが、工会の幹部は管理職が多いため、一般社員の意見を代表としていないとして、ストライキの中心社員グループはこれも拒絶した。

　最後は、会社側が譲歩することで事態が収集された。すなわち、

(1)基本給をその都市部の最低賃金の1.5倍にする。

(2)工会に職場単位の一般社員の代表を加えた組織を会社との協議会とする。

(3)日本人管理職の給料は公開しないが、給与体系と人事考課体系を整備し、給与改定の仕組みを作ることを約束する。

という合意が成立し、ストライキは解除されて工場は正常に戻った。しかしまた、同じようなことが起きるかもしれないという不安は今も払拭されず、経営陣の心の奥底に残っているという。

　給料を巡るトラブルへの処方箋は、Pay for Performance（ペイフォーパフォーマンス、社員一人一人の成果に応じて給与額を決定する給与思想）のを思想の中核に据えた給与と人事評価の体系を作り、社員個々の職務を正しく分析評価し、その評価結果に基づいた給与水準を定め、その後は、社員個々の業務目標を定めて、その達成状況に応じて給与水準の見直しを行うという、人事の基本原則に戻ること、これが何よりも重要なことだ。労務管理の成功とは、結局のところ、社員一人一人から、給与決定と人事評価の実施に対しての納得性を勝ち取るプロセスを円滑に運営することにほかならない。

　カギは社員一人一人との個別合意の積み上げである。きめ細かなコミュニケーションである。

カラ出張、業者からのリベート

　長い中国での赴任を終えて帰国した友人に、現地でのローカル社員を巡るトラブルの事例について尋ねたところ、カラ出張、リベートなどの話がで

た。彼が勤務していた会社だけでなく、同じ日本人の駐在員同士の情報交換として聞いた他社の事例も含まれているという。会社名等の匿名性をさらに担保するため、複数の会社のトラブルの事例を一つの会社のようにして記載してみる。

その会社には、中国に進出当時から出張に際して、事前に出張目的と訪問先、出張経路、出張スケジュールを記載する出張申請書のような書式はなく、必要に応じてそれぞれの判断で勝手に出張することを許していた。それでも、人数が少なかったため社員全員が出張者の出張目的、訪問先、スケジュールなどを正確に把握しており、何の問題も生じなかった。その後、中国での経営基盤も固まり、売上も増加、社員数も増えた。組織も細分化され、前のように社員個々の行動に目が届かなくなってきた。

だが、出張については、担当者に一任という昔のままのやり方を続けていた。ある時、営業社員の複数の出張精算書を調べたところ、宿泊先での高額の電話代の請求、休日の高額のタクシー代の請求が見つかった。きわめつきは、往復の所要時間を計算すると、現地ではほとんど仕事らしい仕事をする時間が残らないスケジュールでの出張精算である。ホテルの領収書にあった高額の電話代は私用の国際電話だった。タクシーも全くの私的利用であることが分かった。ほとんど仕事をする時間がない出張に関して、現地の訪問予定先に確認したところ、本人はその日に訪問しておらず、カラ出張であることが判明した。

また、社有車の整備や修理に会社指定の業者を使わずに、「無理を聞いてもらえるうえに安い」と言って勝手に知り合いの修理工場を利用している営業社員がいた。そこは現金精算しか受け付けないといい、経理から現金を引き出していた。調査したところ、業者からその営業社員には毎回代金の何割かがリベートとしてバックされていた。

また、その営業社員に貸与した社有車にかぎり故障が多い。詳しく調べたところ、故障もでっち上げて、その修理工場に持ち込んでいたらしい。

類似の例で、私用電話のケースがある。中国人は電話好きだ。13億人の人口ですでに携帯電話の保有台数は11億台を超えたという。道を歩いてもひっ

きりなしに携帯電話で話している人が多い。ある日系の会社では、会社の電話を中国人社員が頻繁に私用に使っているという。1回30分程度の長電話はザラにある。ところが、その会社では、中国人社員からの反感を恐れて私用電話の禁止を社内に通達することを躊躇しているという。最後には、「もともと中国人は電話好きだから」という説明で、中国人の私用電話を黙認するに至った。

「全く信じられない結論ですね」とは別の会社の中国人経営者の言葉である。勤務時間中に仕事に専念しなければならないのは、何も日本人だけのことではない、中国人も同じである。これも会社がキッチリとした社内ルールを決めて、それを周知・遵守させる努力を怠っている典型的な例である。

規則や手続きを定めて社員に遵守させる。そして、規則や手続きの違反がないかをチェックする。違反があった場合は事情を調査して、ことに応じて違反者を処罰する。これら一連のことは、中国に進出する企業に限って特別に行わなければならないことではない。企業経営では当然、どこの国でもやらなければならないことである。

しかし、残念なことに往々にして海外駐在員は、営業、生産、マーケティング、品質管理などに注力しがちである。日本本社の海外駐在員の選抜に際しても、これら営業関連部門から行うことが多い。そのため、人事を含めた管理部門の仕事は現地社員に任せてしまうことが珍しくない。社内の意思決定フローでは、人事等管理部門の書類も必ず日本人幹部社員が最終決裁をする場合であっても、管理部門はもともと自分の専門外であるということから、ほとんど書類の内容を見ずになかば機械的に承認印を押すようなことが往々にして見られる。

日本企業に対する不満

前述したが、20代から30代を中心とした外国企業に勤務経験のある中国人に対するアンケート調査で、「再び欧米企業に勤務したい」と答えた者は8割近くだが、「再び日本企業に勤務したい」と答えた中国人はわずか7％だったという結果がある。

中国人社員の日本企業に対する不満は、「日本人の上司は、仕事に対する評価があいまいで、どのように評価され、何を改善しなければならないのか分からない」がもっとも多い。日本人の幹部社員は、「中国人はお金にシビアなので、少しでも高い給料を提示されると、そっちの会社に簡単に転職してしまう」と言うが、中国人社員を対象としたアンケート結果からは、賃金水準の不満以上に評価に対する不満が大きい。

　評価の問題は、何も中国に進出している日本企業固有のものではない。すでに述べたように、海外に進出する日本企業には共通の問題点である。

　人事関係の大きなフォーラムがあり、海外人事についても大手日本企業が複数、自社の事例を紹介していた。いずれも有名企業であり、長らく国際化を積極的に進めてきている。フォーラムの主催者の思惑は、これらの会社の事例を海外人事の先進事例として参加者に紹介しようというものだったのであろうと推測するが、私の目には、いずれも海外人事の"先進"事例のレベルには遠く及ばないと映った。これから海外進出を積極的に行おうとしている企業にとってみると、こんな有名な会社でも海外人事についてはこの程度で済ませられるのだという、安心感を与えてしまうような事例だった。特に評価については、いずれの会社も本社の海外人事部は何もしていないに等しい報告に終始した。

　日本本社の海外人事部からしてみると、海外拠点での現地社員に対する評価はあくまでも各海外拠点で解決すべき個別の人事の運用に関する事項であるらしい。評価は、本社の管轄外のようだ。そのため海外拠点からの情報収集もしていない。つまり、現状の把握ができていないということである。現状の把握ができなければ、分析はできず、分析ができなければ原因が究明できない。原因が究明できなければ問題は解決されない。日本の海外拠点で働く現地社員にもっとも多い不満である評価については、このように本社の海外人事の問題意識から外れて、現地任せの状態で30年以上放置されてきている。

　これには反論もある。「わが社の海外人事は、本社の評価体系を海外拠点の現地社員にまで拡大する。この試みが完成すれば、日本人社員と海外拠点

の現地社員が同じ土俵で公平に評価される」確かに、先のフォーラムでもこのような試みを海外人事のプロジェクトとして紹介していた企業が若干あった。

　しかしながら、体系を作り、制度を導入すれば、それで現地社員が満足する評価が実現できるのだろうか。本社の海外人事担当者の行動の一例をみてみよう。日本の大手企業に勤務する知人が、人事部に異動となった。海外人事も担当するとのことで、彼は早速その会社の海外重要拠点である中国に出張した。出張から帰った彼と話をする機会があり、出張中の昼食をどのようにしたかという質問をした。彼は、「出張中の昼食は日本人社員がすべてセットしてくれて、大変おいしい中華料理のレストランに出かけた」という。中国人社員とは会議室で面談したが、たいした話は出ませんでしたとのこと。

　私は彼に対して、次に機会があれば以下の行動をとるようアドバイスをした。昼食はできるだけ、現地の中国人社員と一緒にとること。食事の際には、彼らからの質問にはできるだけ誠実に答えると同時に、今の中国に対して質問をすることで自分が中国に対して興味を持ち、高い関心を抱いていることを分からせること。ただし、政治の話はNGである。こちらから彼らに一歩近づけば、彼らの考えが近づいた分だけ分かるようになるだろう。現地の社員が何を考えているかが分からないで、本社の海外人事の仕事は成功しないだろう。

　現地社員の不満は上司の評価があいまいで納得できないことであって、本社の評価制度が導入されていないことではない。評価は、

　⑴その社員がやるべきことが具体的に明らかとなっており

　⑵その社員が実際にやったこと（実績）が正しく記録されており

　⑶「やるべきこと」と「やったこと」が公平に比較されること

で適切に運用される。この⑴から⑶までのプロセスが文章化できれば、評価についての不満の大部分は解消される。これは日本人の上司と部下である現地の社員との間のコミュニケーションの問題にほかならない。日本人上司が的確で厳密なコミュニケーションを書面で行えば済むことである。しかしな

がら、多くの日本人マネージャーにはこれができない。そうであれば、日本本社の海外人事のやるべきことは、評価体系の海外拠点への拡大ではなく（それはそれで結構だが）、日本人マネージャーのトレーニングのはずである。決して海外の拠点まかせで放置して済むレベルのものではない。

　前述の(1)から(3)を実施すれば、現地社員一人一人の個別の評価という問題は解決する。しかしながら、たとえばA社員とB社員をくらべて今回はどちらがより会社に貢献したか、という問題は解決しない。A社員、B社員とも(1)の「やるべきこと」が同じような仕事であれば、比較もできようが、「やるべきこと」の種類が異なると比較は難しい。ではこの問題はどのように解決すれば良いのか、これも全社共通の評価体系を導入すれば、自動的に解決できるというような問題ではなさそうだ。

　この解決策も制度の導入ではなく、各海外拠点の幹部社員にかかっている。人間は、それぞれの構成要素別の厳密な比較ができなくても、相対として、どちらが上かという判断はできるものである。この点が二進法で全ての事象を分析するコンピューターと、細かいことはあいまいなままでも全体を何となく正確に、あるいは直観的にとらえることのできる人間の頭脳との違いであろう。

　評価にしてもしかり、1人のマネージャーが自分の統括する部下についての今期の実績について、最上位の優秀者から最下位の部下まで順番をつけることはできる。部下の人数が多すぎて、順番づけなどとてもできないというマネージャーには、任意の2人の部下を選び、どちらが優秀かを決定させることから作業をさせる。任意の2人の優劣が決定できれば、この組み合わせを繰り返すことで全員の順番づけは完成する。任意の2人の比較すらできなければマネージャーとはいえない。

　同様に自分の統括する部門以外の社員についても、自分に関係する部門の社員を中心にある程度の順序づけはできる。これも予備資料として用意させる。その上で会社のマネージャーが集まって全体の評価会議を行う。全体の評価会議の目的は、社員を優秀なグループ、やや優秀なグループ、普通のグループ、やや優秀でないグループ、優秀でないグループというように分ける

ことだ。なにも部門を超えて1番から最下位まで順番をつける必要はない。この会議で会社全体の評価も決定できる。

　忘れてはならないのは、マネージャーが参加する評価会議において重要なのは、それぞれのマネージャーは他の会議参加者に対し、自分の評価結果に基づき、なぜ、部下Aは優秀なグループに入り、部下Bはやや優秀でないグループに入るのかを説明する作業だということだ。これが、実際にマネージャーが部下一人一人に評価結果をフィードバックするときの練習になる。

　また、マネージャーは、他のマネージャーの説明の仕方からなにかを学ぶこともあるだろうし、さらには、マネージャー全員が共通で言うべきことを見つけることもあるだろう。いずれも、評価の納得を得るには大切な要素となる。

　海外人事も中国を対象とすると、中国の特殊性や日本との関係に目が行きがちだ。確かに中国は日本の隣国であるが、共産国家でありながら近年一国二制度の名のもとで自由主義経済が目覚しく発展しているという特殊な国家だ。中国人も、文革を知っている40代以上、文革末期の混乱の洗礼を強く受けた30代、文革を知らず改革開放の20代と混在しており、この世代間の認識の格差は日本人には想像も及ばない。加えて、なにかというと、第二次世界大戦の日本の中国侵略や、日中間の領土問題が持ち出されたりして、反日運動に発展しかねないリスクを常に抱いている。人事問題で中国人社員が団結して日本人経営者に抗議することがあれば、このリスクを思い出し、ついつい対応に腰が引けたりもする。こんな面倒くささを回避するため、逆に嫌中国人となって強圧的なマネジメントに走ったり、中国人の管理は中国人に任せてそれほどの関心をもたなくなる。これでは中国に進出して、中国人を多数雇い入れても、中国からは評価されない。

日本人の中国観

　日本人の中国観については、統計データで紹介した（120頁）。それによれば、それまでは好悪の感情がほぼ相なかばしていた日本人の中国観が、2005年に悪化した。原因は中国各地の反日デモである。毒入り餃子事件、尖閣諸

島沖の中国漁船の衝突事件、レアメタルの日本に対してのみの輸出規制、前東京都知事の尖閣購入発言をきっかけに尖閣はさらに大きな問題に発展したこともあり、日本人の嫌中国観を刺激する出来事が相次いでいる。2012年に至っては、嫌中国派が8割（内閣府大臣官房政府広報室「外交に関する世論調査」平成24年10月発表より）。同時期の2012年の統計結果では、日本人のアメリカ観は親アメリカ派が8割である。

駐在員の健康不安

中国でもっとも日本人駐在員が多い上海には、日本人医師も多く駐在している。外国人医師の場合は中国の医師免許がなければ、直接的な診療行為はできないが、中国人医師のアドバイザーという形であれば医療行為に関わることができる。上海に駐在している医師、GHC（Global Health Care、グローバルヘルスケア）病院のF先生によれば、中国国内では正確な統計データはまだないものの、医師の実感としてメンタル系患者は増加傾向にあるという。

特に外国人は日本人駐在員のみならず、慣れない生活環境の中で、本国を離れて中国の最前線で仕事をし、本社からは高い成果を上げることを期待され、一方で中国人社員の人事管理はなかなか一筋なわではいかないという、様々なプレッシャーに囲まれた毎日を送っていることから、うつ病、パニック障害などのメンタル系の病気を発症することがある。

その際、注意を要するのは、中国の病院全般についていえることだが、正しいメンタル系疾患の治療法は浸透しているとはいえない状況である。地元の国公立病院でさえ、多くの症例で不適格な治療が行われている。これではおちおち病気にもなれない。こんなことを聞かされると、これもストレスの要因になりそうだ。

中国社会保険法と外国人適用問題

2011年7月1日に中国社会保険法が施行された。その中では、「外国人が中国国内で就業する場合、本法規定を参照して社会保険に参加する」とされ

ており、これに基づき、実施細則である中国社会保険法暫定弁法が９月６日に公布され、10月15日から施行されている。これにより、駐在員も中国の社会保険、養老・医療・工傷・失業・生育の５種類の保険すべてに加入することが義務づけられた。

　産経新聞の試算によれば、本法律の適用による社会保険料の負担は、給料の40％近くになるという。もっともこの試算結果もあいまいで、ニューズウイーク誌によると、給料の28％程度の負担となっている。40％と28％、同じ試算でもこれほど結果が異なるのも、中国が提供している材料不足ゆえとのことだが、それにしてもこの負担額は中国進出企業にとっては深刻な打撃となる。同じくニューズウイーク誌では、「外国人駐在員は高額の保険料を支払っても、15年以上中国に滞在しないかぎり年金の支給を受けることはできない」とし、続けて「問題山積の医療制度をはじめとする年金以外の社会保障についても、（外国人駐在員が）恩恵を受けられる見込みは薄い」としている。さらに「この政策は、急激に進む高齢化と労働人口の縮小によって揺らいでいる年金制度を立て直す方策のひとつではないかとの憶測もある」と結んでいる。

　これなども、法治国家でありながら、こうも短兵急で乱暴な法律の制定施行を平然と行うという、理解を超えた行動をとる中国に対して、恐れや怒りを抱いたり不信感を持つようになるきっかけとなろう。

　しかしこの問題は、日本対中国という特殊な関係も考えると、さらに問題点が垣間見えてくる。実は外国人駐在員に対して、自国の社会保険制度を適用させようという動きは、何も中国特有のことではない。今回の中国の件は、６月に社会保険法を施行し、わずかその４か月後に今まで徴収の対象ではなかった外国人駐在員に社会保険料を払わせるという、準備期間も十分でない短時間での実施が異常なのだ。日本でも、当地で働く外国人社員は日本の社会保険の適用対象であり、欧米諸国でもこの基本的な考え方は同じである。

　したがって、かつて駐在員は、日本で社会保険をかけ続けると同時に、駐在先での社会保険制度にも加入するという、社会保険の二重加入が当たり前

であった。社会保険の二重加入を回避するための工夫が、二国間の社会保障協定といわれているもので、日本では2000年の日独社会保障協定の締結を皮切りに、イギリス、韓国、アメリカ、ベルギー、フランス、カナダ、オーストラリア、オランダ、チェコ、スペイン、アイルランド、ブラジル、スイスと締結が終わり、これに基づく国内法も制定されている。これらの国との間では、駐在員の社会保険の二重加入が回避されている。イタリア、インドとの二国間の社会保障協定も締結済であり、これらの国でも近々駐在員の社会保険の二重加入から解放される。中国に対しても、同様に２国間の社会保障協定の交渉を行わなければならないはずだが、アメリカやヨーロッパ諸国と中国政府との社会保障協定の話し合いは着々と進んでいるが、日本政府からの働きかけに対しては、目下のところ中国政府の動きはきわめて緩慢である。厚生労働省のホームページなどを見ると、2013年を目途として日中社会保障協定を結びたいとしているが、2013年３月29日までに政府間交渉が３回行われているものの、その後４回目は2013年６月現在行われていない。

第12章
国際人事管理

人事部長の責任と会社の任命責任

　私は人事労務コンサルタント集団を抱え、自身もコンサルタントとして活動している。企業の抱える人事労務管理の様々な問題に直面し、これら諸問題を分析し、それに対する解決策を提示している。ただし、コンサルタントが問題解決の方法を最終的に決定することはない。最終決定はあくまでも会社、クライアントである。コンサルタントから見て、もっとも困るクライアントは、社長自らがYESかNO、あるいはGOかSTOPという基本方針をなかなか決めない企業である。

　そんな場合、コンサルタントはコンサルタントとして理解した会社の事情を前提に、コンサルタントの価値観で解決策の優先順位をつけ、クライアントがその優先順位の高い解決策を選択するように勧める。要は「こう決めるのがよさそうです」と誘導する。だが、こんな場合でも、コンサルタントはその解決策をとった結果に対してはいっさい責任を負わない。責任は経営者にとっていただく、これがコンサルティングビジネスの要諦である。

　現地法人の人事部長は、人事労務の専門家であってもコンサルタントのような第三者ではない。組織の一員である。ましてや"部長"なのだから、経営陣の一員に位置するといってもよい。その意味では、人事部長に一任された人事労務に関する決定に際して、その人事部長が判断を誤った場合、人事部長に責任がないということはあり得ない。だが、それだけで済むのだろうか。会社の責任、その人事部長を任命した経営者には責任はないのか？　もっと厳密に言えば、「人事は素人で分からないから、現地の専門家である人事部長に任せる」と判断したことの責任は問われないのか。

　私は、判断ミスをした人事部長の責任よりもこの人事部長を任命した経営

者の責任が大きいと思う。人事の判断ミスは、一般的には、社員（場合によっては社員の家族や入社予定者、応募者）に対しての判断を誤った結果、不利益な労働条件を強いていることが多い。これは会社の責任である。人事部長に責任を負わせ、会社が責任を免れることはあり得ない。

　人材を"人財"と表す会社は多い。「社員は会社にとってもっとも重要な資産である」という会社の考えを体現している。これが真実であれば、「自分は人事の素人」なのだから「人事については、ローカルの人事部長に全て任せる」という結論はあまりにも短絡的である。経営者がもっとも重要な資産のマネジメントを人事部長任せにして、自らは直接関与しない、あるいは関心はないと宣言しているにひとしい。現地のローカル社員は、会社にとってもっとも重要な資産である"人財"には含まれないのだろうか、という疑いすら抱かせかねない。

　自分が特定の分野での専門知識に欠落している場合、その部分を専門家により補うことは正しい判断である。しかしながら、経営者は経営に関わる全てについて責任を負わなければならない。人事管理も経営の一部である。経営を担う者が、人事管理を他者に任せる場合は、任せた以上責任までも背負う覚悟がいる。自らが責任を背負う覚悟がないのであれば、経営にとって重要な人事分野の決定を他者に一任することなど許されない。人事部長である専門家の意見を聞きながら、最終決定は自ら下すべきである。

　もっとも実際には日常的な人事管理上の細々とした意思決定は、人事部長に委ねることは珍しくない。重要な人事上の決定は人事部長の意見を聞きながらも経営者が自ら下すとしても、日常の人事管理の細かいことの決定については、人事部長に委ねるのが一般的である。ただし、そうしたいのであれば、経営者は権限を移譲する前に、自らが人事部長に対して、会社の方針や方向性、現地法人を経営する自分の考え方を十分に説明し、理解させ納得させることだ。そこで、人事部長に委譲した"細かい"人事案件について、人事部長が、経営者の視点で正しいと思う決定を常に下すことができるような体制を整えることだ。

　経営者と人事部長の考えに乖離があってはならない。経営者は「自分が人

事部長であっても同じ決定を下す」という状況をまず最初に整備する。かかる状況の整備が終わった後でも、人事部長が任された人事案件について誤った決定を下した場合、当然、経営者もその人事部長に権限を委譲した責任を負う。誤った決定の被害者は社員、すなわち会社のもっとも重要な資産の"人財"であるからだ。

日本本社から派遣された海外拠点長のケース

　海外駐在先に経験豊富なローカル人事部長がいる場合は、人事の決定を任せることはかまわない。それには、その人事部長があたかも自分の分身のように行動してくれることが前提となる。そのためにも日本本社から派遣された海外拠点長は、人事部長に対して最初に自分の考える会社のヴィジョン、ミッション、長期経営計画等を説明し、これらに基づいた人材の登用・育成・活用の基本理念を理解してもらうことが肝要であろう。

　もっともヴィジョン、ミッションの共有は人事部長のみならず、他の部門長とても必須である。部長以上の経営陣が1泊2日程度の合宿を行うことは、欧米企業では珍しくない。日本企業ではどうだろうか？　海外駐在員の赴任前のセミナーで、駐在先の現地法人企業に、このような経営陣の合宿があるか、と尋ねると、「そのような合宿は現地ではない」という返事と「そのようなことが行われているかは、よく分からない」という答えが圧倒的に多い。

　経営に参加する者が、時間を気にせずに徹底して議論するという場面の設定は、きわめて重要であると考える。海外赴任後、現地での事情もおおむねのみ込めたタイミングでこのような合宿を行い、以後定期的（少なくとも年に1回）に、経営陣が会社の経営全般に関する議論を徹底的に行うことは、権限を委譲された者が、常に会社として正しい決定を行うことができる体制作りの一助となるはずだ。

　特に、人材が"人財"であり、社員が会社にとってもっとも重要な資産であれば、その最重要の資産をあずかる人事部長の実際の決定が、常に経営者の考え方と齟齬のないような組織の実現は経営者にとっての最重要課題であ

ろう。

　私が最近聞いた事例を紹介。そこでは、ローカル社員の人事についてのいっさいをベテランのローカルの人事部長に任せていた。その結果、その現地法人では、ローカルの人事部長を核とした強力なグループが形成され、そのグループから除外された社員はいじめにあったり、人事考課で不当に評価されたり、出世が遅れたりもしているという。日本人駐在員も当然そのような状況には気が付いているが、人事部長を核としたグループには優秀な社員が多く含まれており、この状況を修正しようとしてやり方を間違えると、たちまち本業にさしつかえ、業績が低下することになる。このような事態が容易に予想されるため、現状ではまずいと思いながらも長年放置している。

日本の常識は海外の非常識

　赴任前の労務管理セミナーの参加者からは、「駐在先では現地法人の経営に直接携わるため、人事関係も自ら決定を下す、あるいは経営陣の一員として会社の決定に関与することになると思う。しかしながら、人事労務については全くの素人なので不安がいっぱいだ」という声が多い。

　既述のように、現地事情に明るいローカルの人事部長を雇うことができればいくらかの安心感はあろうが、現地法人の規模などの事情から、そのような人事部長の採用が難しい場合も多い。海外駐在地の場合、現地には人事部長は不在で、駐在員自らが人事の責任を担うケースの方が多い。

　彼らの関心は、不慣れな人事労務管理の決定に際して、大きなミスは避けたいが、そのためにはどうすればよいかという点にある。加えて、駐在直前というタイミングでは、使える時間も限られているので、人事労務についての知識を最初から体系的に勉強することもできない。要は致命的なミスをしないための実践的なノウハウが必要となる。

　このニーズに応えることはなかなか難しい。コンサルタントの工夫は次のようなものである。最初に、日本人駐在員の海外勤務における失敗の事例をできるだけ具体的に、かつ多く紹介する。参加者の興味を引くと同時に、労務管理のミスの怖さも分かってもらえるようにする。いろいろな失敗事例を

取り上げたとしても、しょせんは個別の紹介にすぎない。参加者の海外駐在の場面で、同じような事例に接することは、ほとんどないのだ。

　失敗事例を紹介した後で、必ず「海外においては常に現地の法制や慣習に耳を傾けることを最優先としてほしい」とつけ加える。続いて、日本の労務管理の常識をそのまま無批判に海外に持ち込むことを諫めている。労務管理にあっては「日本の常識は海外の非常識である」、また、「現地での常識は日本の非常識である」と強調している。

　"常識""非常識"の根拠は、各国における法制の違いであるといえる。歴史、伝統、文化、習慣、風俗などの違いも関係はすると思うが、人事労務管理における「日本の常識が海外の非常識」になり「赴任先の常識が日本の非常識」になる一番の原因は、それぞれの国における法制、特に労働法の違いにある。

　これを説明するには、日本の"常識"に戸惑う海外企業の事例をご紹介するのが分かりやすいと思う。海外企業、特に労務管理が極端に契約という個別合意で判断されるアメリカ企業を見てみる。

　自宅から職場までの通勤に要する費用を給料として会社が支払うのは日本では通勤手当として一般的に見られることである。彼らからすれば、どこに住むかは個人の選択の結果だが、遠くに住めば通勤費用は高くなるから給料が高くなることは、不公平ではないかという。

○ホワイトカラーは、ブルーカラーと異なり、能力が高い社員ほど効率よく短時間で成果を上げるが、日本では長時間労働者ほど給料が高い。これは、管理者以外の大半の社員に、残業代が支払われていることを示している。

○会社が社員の健康管理に関心を持ち、毎年会社が社員の健康診断の費用を負担してくれることはよいことだ。本社（アメリカ）でも実施されている。しかし、健康診断の結果という重要な個人情報が人事に送られることはまずい。プライバシーの侵害である。また、健康診断を受けるか受けないかは、まずは個々人の判断であり、X線を拒絶する個人の権利まで侵害することは受け入れられない。

○雇用も契約の一形態である。契約であれば当事者間は対等なので、契約の締結は当事者間の合意により、契約の解消は一方の意思表示でできることになる。外国企業の日本における労務紛争で、不当解雇の例が多いのもこの考え方がベースにある。

○雇用は契約であるので、配置転換にも当事者間の合意が必要である。それなのに、なぜ日本では会社が一方的に配置転換を命令するのか。

"常識"が"非常識"となるリスクをわきまえること、これが海外における労務管理上のポイントである。

海外では人事権限はライン長にある

海外では人事権は人事部にはなく、ライン長に委ねる。私は、海外駐在に赴こうとする方々に対して、「日本本社ではまだ部下を持つマネージャーの職務にはついておらず、スタッフとしてマネージャーの下で毎日忙しく働いている社員も、海外の現地法人では、一階級場合によっては二階級ほど"特進"して、海外駐在と同時にマネージャーとしての役割を果たさなければならない。このような立場になることは珍しくない」という話をする。

新入社員の頃から"人事に関する決定は人事部が行う"ことが当たり前と刷り込まれてしまった人が、海外駐在に際して、この"日本の常識"にとらわれて、自分の部下の人事上の決定の場面で、マネージャーである自分が決定をせずに人事部に頼ろうという姿勢を見せれば、現地の部下の信頼はなくなってしまう。マネージャーとして当然持っている人事権を行使できないボスは怖くはないし、頼りにもならない。海外駐在員の方々に対して、赴任前に「海外では人事権はライン長にある」とあらかじめ話をしておくのは必要である。

海外では、人事部は人事上の決定に際して意見を言うことはあっても、ライン長に諮らないで決定することはない。人事部が反対してもライン長が決めた人事案件はライン長の決定通りに実現する。

次の事例は、日本本社から赴任して海外の現地法人で苦労しているＳ人事

部長の話である。

　出勤し、いつものように自分の席でモーニングコーヒーを楽しみながらその日一日の予定を確認していたところ、"あの" A営業部長が近付いてきた。日本本社からこの海外現地法人の人事部長として赴任してこのかた、A営業部長とは全くもってウマが合わない。

　先日も、A営業部長が突然、アシスタントマネージャーで優秀な営業マンがいるので課長に昇格させたいと言い出した（"営業マン" であれば日本語なので彼らには分からないだろうが、英語でつい "セールスマン" と言ったりすると、『セールス "パーソン" と言ってください。人事部長ともあろう人が女性を差別するのですか』とジェンダーフリーをことあるごとに言いつのるマーケティングのあの女性部長から、すごい勢いで噛みつかれる。何かというと現地採用のマネージャー連中は人事部長である自分の意見に反対する。全くとんでもないところに飛ばされてしまった）。

　A営業部長の持ち込んできた課長昇格の話に、人事部長として、一つは定期昇格の時期は3か月先であること、二つはその営業マン（営業 "パーソン" だった）は入社してまだ半年もたっていないこと、三つは営業部30人の営業マンの中で一番若いこと、を理由に挙げて反対をした。これだけ十分な理由があるのだから、こんな滅茶苦茶な話は自分のところで終わるはずだったが、A営業部長は自分が反対していると分かると、何と社長のところにこの案件を持ち込んだ。大体、昇格などというものは、何年もの間優秀な成績を収め、社内の誰もが認めるような社員を抜擢する。年間スケジュールでは毎年3月に人事部長である自分が主催する全社昇格判定会議で、人事部が作成した昇格候補リストに基づいて4月1日付の昇格者が決定されるべきだ。営業部長だろうが誰であろうが、12月のこんな時期に1人で勝手に決めてはならないはずだ。社長にも人事部長としてそう意見を述べた。社長は営業部長の大学の大先輩で、日本本社でも営業部長が所属する営業本部長だった人で、昨年からこの現地法人の社長をしている。その社長から、こんな話があった。「君はこちらに赴任して間もなく、現地の事情にはまだ不慣れな点もあるだろう。君のいう通り異例の措置であることは分かるが、ここは、この

現地法人の設立と同時に入社し、ここまで売上を伸ばしたＡ営業部長の顔を立ててほしい」とのことである。

この営業部長と人事部長は新入社員ブラッドのことでもやりあった。

「Ｓさん。今日から当社営業部に入ることになったブラッドを紹介するね」「ブラッド。こちらはミスターＳ。人事のマネージャーだ。入社手続きを彼と済ませ、できるだけ早く営業部に戻ってきてほしい。入社初日だが、さっそく頼みたいことがある」「Ｓさん。そんな事情だ。忙しいところすまないが、できるだけ簡潔に必要な入社手続きを済ませてほしい」

「ちょっと待ってくれ、サム」「ブラッドさんと言うのか？ でも今日初めて会った人だ。僕は面接もしていないぞ」「ミスターＳ。営業部で新製品を担当する人間を採用したいという話を前から人事部には頼んでいたはずだ。人事部から適当な候補者をあげてこないから、自分が親しいヘッドハンターに頼んでブラッドを紹介してもらった。キャリアも申し分ないし、自分が先月行った面接で彼の優秀さは確認済みだ。先週、営業部の主要な連中とディナーの場を設け、彼らに紹介したがお互いすぐに仲よくなり、一緒にこの会社のために頑張ろうと意気投合したところだよ」。

この営業部長は人事部長である私をさしおいて、勝手に社員を採用したのか。

人事部長としては頭にくる事態だが、ブラッドには何の罪もないし、営業部の幹部連中には紹介済みとなれば、会社とブラッドとの雇用契約は、口頭だろうと成立しているはずだ。今さらこれをひっくり返すわけにもいかない。サムのやり口には憤懣やるかたもないが、今日のところは仕方がないか。

Ｓ人事部長の嘆きや怒りは、海外では見当違いとなる。スタッフの採用はラインが決定する。営業マンの採用は営業部長が決定する。入社日までＳ人事部長がブラッドのことを知らなかったという事態はやや普通とは違うが、あり得ない話ではない。親分肌で何事も自分ひとりで決めたいという部長であれば、自ら候補者の面接をし、その場で採用不採用を決定することもあるだろう。Ｓ人事部長が強烈にクレームしたとしても「営業マンの採用を営業

部長である自分が決めてどこが悪いのか？」と反論されるだけだ。

　営業部長のサムが意地の悪い性格であれば、社長とＳ人事部長を前にして「実は人事部には、新製品の営業マンの採用は、重要だということを３か月も前から言っている。新しい製品は、これまでの当社の販売先とは異なり、新しい販売ルートの開拓は不可欠だ、当社の営業マンでそのノウハウを持ち合わせている者は１人もいない。大至急、即戦力となる営業マンを中途採用しなければならない」「サムの要請に対して人事部はすぐに行動しました。職務記述書を作成して、出入りのエージェントにはジョブ・スペシフィケーション（Job Specification、職務要件書）として手交し、候補者の選定を指示しています」「ミスターＳの協力には営業部長として感謝している。しかしながら、３か月間、人事部からは１人の候補者のレジメ（履歴書）も上がってこなかった。当社が懇意にしているエージェント、ヘッドハンターは既存の当社製品の業界には強力なコネクションを持っているが、今回の新製品についてはどうだろう。違った業界なので、それほど潤沢な候補者のデータベースを持っていないのではないか？」「人事部の協力が得られないから、自分で行動したに過ぎない。今回の新製品の業界に詳しいヘッドハンターを自分で探し、候補者の選出を依頼した」「採用候補者を連れてくるという人事部の仕事を人事部が果たせないから、自分が行動したまでだ。自分の行動に文句を言うのであれば、人事部は営業が必要としている人材の候補者を私に紹介するという人事部本来の仕事をしてほしい」「ブラッドをミスターＳに事前に紹介しなかったことは悪かったかもしれないが、すぐにオファーを出さないとブラッドは他の会社に行ってしまう可能性もあった。新製品の発売が当初計画した予定より遅くなったり、新製品の販売目標が達成できなかったりすれば、その場合の責任は営業部長である自分が負うことになる」。

　そして、最後にサムは言う。「人事部は新製品の販売が遅れたり、目標を達成しなかったりしてもいっさいの責任を負わないではないか。候補者探しに自分の時間を費やすのは、できれば避けたかったのだが、３か月１人の候補者も出てこない現状では、最終的に責任を負わなければならない営業部長である自分が行動しなくてはならないと判断した。人事部がもっとしっか

りしていれば、こんなことにはならないはずだ」。

マーケティング部長のスザンヌがS部長のところにやってきた。「Sさん、お願いがあるの」「ジョンのことだけど、どうにもウチの戦力にならないことがはっきりとしたので、早く人事が彼をクビにしてほしいの」——ジョンは、自分が着任した頃、スザンヌが採用を決めたマーケッターである。自分も一度面接をして、理路整然としたプレゼンテーションには感心したものの、転職回数の多さとそれぞれの会社での勤続年数の短さに危惧を覚え、当社が採用することには消極的な意見を出したが、着任間もないこともあり、気が付いたらスザンヌ部長の主導で採用が決定していた、という経緯があった。

「スザンヌ部長。ジョンは入社してまだ6か月しか経っていないだろう。新しい会社に慣れるにはそれなりの時間もかかるだろうし、もう少し長い目で見たらどうかな？」「マーケティング部門は当社の頭脳部分。立ち止まっているヒマなどウチのスタッフにはないの」「面接ではあれほどジョンを高く評価していたじゃないか」「面接では何とでも言えるわ。実際に仕事をさせたら使い物にならない」「ジョンの試用期間は3か月だったはずだ。スザンヌ部長はジョンには何の問題もないと言って、ジョンが試用期間を満了し、本採用されることを認めたじゃないか」「3か月ではバケの皮は剥がれなかったということね。ともかく決定事項なので、あとはトラブルにならないように、人事で上手く処理しておいて。裁判などを起こされたら困るから。ただでさえ忙しいのに」

"海外の常識"がいつも正しいとは限らない

昇格、採用、退職（解雇）という、三つの例を紹介した。いずれも日本本社で日本流の人事管理に慣れ親しんだS人事部長を悩ます案件だった。海外で人事部長を務めたことがあれば、似たような経験がある方もいるのではないかと思う。日本では人事上の最終決定に際しては、必ず人事部門が関与し、決定をリードするが、海外では人事権はライン長が握っている。

私が海外赴任前にお話をする人は、日本本社から海外現地法人各社、ある

いは海外支店の経営幹部やライン長として赴く人が多い。その人たちに、海外では人事権はライン長にあって人事部にはないという話をしておくのは、現地に赴かれた際の戸惑いを避ける意味で大切だからである。

しかしながら、ライン長に人事権が集中していることは、組織の経営上果たして良いのだろうか。

ライン長としての特定の人物に、配下のスタッフ全員に対する採用から退職までの人事権を与えることのリスクは大きい。前述したサム営業部長やスザンヌマーケティング部長の行動は、会社全体の視点に立てば、あやうく大きなリスクを内在している。また、別の視点からいえば、配下のスタッフも直属上司を常に意識して仕事をすることになり、それがともすれば上司のご機嫌取りに終始する可能性もある。ライン長が経営陣から見て優秀であれば良いが、まあ仕事はできるが、できればもっと優秀な人物に置き換えたいというようなレベルであった場合には、その程度のライン長が人事権を掌握しているということになる。

これらの対応に関しては、実は外国企業でもいろいろと工夫をしている。社員が直属の上司を超えて人事部門や上司の上司に異議申し立てを行うことのできるGrievance（グリーバンス、異議申立）制度を取り入れている会社もある。ただし、この制度は、上司に対する一定のけん制効果はあるとは思うが十分ではない。また、Grievanceにより申し立てられた異議が認められたとすれば、対象となった上司の判断は誤っていたということになり、誤った判断が下されていた"時間"を取り戻すことはできない。

日本流に人事部に最終的な人事権限を持たせたらどうか。私は実はもともとは邦銀の出身で、人事部門の企画課に籍を置いたことがある。人事部門は、企画課と人事権を実際に行使する人事課を中心に構成されており、人事課の諸先輩とも随分と親しくしてもらった。当時の邦銀は旧来の預金と融資業務を中心とする業務から、証券業務に乗り出し、また、大規模なシステム開発の必要性から大量の行員をシステム部に傾斜配分させていた。しかしながら人事権を実際に行使して、昇格や昇給、配置転換を決定する人事課に証券業務やシステム業務の専門家はいなかった。知識も経験もないスタッフが

社員の昇格昇給を決定していたことになる。公正公平な人事が実現できるものではない。

　解決策としての提唱は、それぞれのラインに人事を置くものである。欧米企業ではライン人事という仕組みは既に導入している企業が珍しくはないが、人事権はあくまでもライン長が握るという考え方は継続している。私の考えはこれとも異なるものである。人事権は、やはり人事部が握るべきだという、日本流のやり方は継承すべきであると考える。しかしながら、会社全体の人事本部のような、一極集中の中央集権型の人事体制では社員に対してきめ細かい目配りができない。日本流の人事本部中央集権型の人事管理が正しいのであれば、人材の流動化など加速したりはしないだろう。

　今までの人事本部中央集権型の人事管理のやり方では、先行き不透明で不確実性に満ちた現状で、社員一人一人の英知を結集して、躍動感ある企業風土など作ることは難しいと思える。必要なものはNear is Better（ニア・イズ・ベター、現場に近いところに人事を置く）の発想だろう。人事本部は持つが、実際の人事権はNear is Betterのラインにいる人事スタッフが握る。ライン人事はライン長と、また、会社全体の人事本部と密接にコミュニケーションを保ちながら、人事に関しての決定権限を持つというやり方が望ましいように思う。ライン長がいくら推してもライン人事の承認なしに採用を決定することはできないし、ましてや解雇を決めることはできない。ライン長の人事管理に欠陥があれば、スタッフはすぐにライン人事に相談に行くことができる。そんな体制が望ましいように思う。

第13章
ゼネラリストとスペシャリスト

営業部長が管理本部長に異動

　私の友人は、営業部長からその会社の主力工場の管理本部長に異動となった。友人は大学卒業後、新卒で伝統ある東証一部のメーカーに就職し、以来20年以上、営業畑一筋でキャリアを築き上げ、3年前にその会社の営業第一部の部長の地位を射止めた。部下からの人望も厚く、営業マンとしてのセールス力にも優れ、営業第一部は3年連続して目標を上回る成績を収めていたという。その彼が、今回、突然の異動命令を受けた。それも、経験のない管理部門のトップである。何でも、その会社の主力工場の管理本部長とは、工場長に次ぐナンバー2のポジションで、経理、総務、人事等の管理部門全体を統括することになる。

　その会社全体の序列からいえば、この管理本部長のポストは営業第一部長よりも上位に位置づけられており、今回の人事異動はめでたくも昇進であることは間違いない。しかしながら、営業から管理という全くの畑違いの部門の責任者に就任するという人事異動命令を受けて、本人は戸惑うことしきりであった。

　私は、「今回の人事異動は奥が深いぞ。だいたい素人をそんな大事なポストに据えるなんてことは、会社にとってもリスクのはずだ。あえてそんな分かりきったリスクをとる決断を会社がしたのだから、会社はお前のことをもっと長い目で考えているのではないか。営業"バカ"には、会社の将来を託せないと思って、今回の人事異動を考えたのかもしれない。経営者になるには外に向かう営業とは違う、内向きの管理部門という異なる視点で会社全体を捉えるよい機会だ。大いに勉強してこい。10年後の常務、専務、社長になるコースに乗ったと思って、思い切り頑張ってこい」、という話をした。

確かに、あるいは、そんな意図を持った壮大な社長候補養成計画が裏に隠れているかもしれない。もっとも、一般には、企業の社長とはいえ、創業者であればともかく、たいていの場合はサラリーマンの成功の積み重ねでその座を射止めた者が大半であり、2期あるいは3期程度社長を務めれば、次の人にバトンタッチされる。会社の業績が悪いと1期限りとか、場合によっては任期途中での社長交代もあり得る。部長クラスの中から将来の社長候補を選抜し、計画的に育成するというような後継者育成計画を持つ事例など、日本企業ではまず聞いたことがない。諸般の事情で工場の管理本部長のポストが空いてしまった。さて誰を動かそうか、という程度のことで今回の人事異動が決定されたと考えるのが、もっとも現実的であろう。本人にとっては畑違いの管理本部長のポストで成功を収めれば、その時点でまた頭角を現わす可能性はあるが、それはその時点での社長はじめ経営陣が考えることであるというのが、ありそうなシナリオだろうと思う。

「人事は全くの素人なんですよ」と言う人事部長

　私は小さな人事労務専門のコンサルティングファームを率いている。クライアント企業の窓口は多くの場合、人事部長である。日系の中堅・大手クラスのクライアント企業の場合、「私は人事は全くの素人なんです」と言う新任の人事部長に会うことは珍しくない。たいていの場合は、新卒で入社し、営業やマーケティング等々、別の部門でキャリアを積んでこられた方である。役員の改正にあわせて実施される定期的な人事異動で、新しく人事部長を拝命したというケースが多い。

　これが外資系企業となると事情はまったく異なる。人事部長は、まずもって人事労務の専門家である。他社の人事部長から、この会社の人事部長にヘッドハントされるケースや、採用、育成、処遇、労務等々のその会社の人事部内の各課、各グループのマネージャーの内、優秀な者が人事部長に昇格する場合がほとんどである。

　日系企業のように「私は人事については全くの素人で……」という人物が人事部長になるというケースは、外資系企業に関していえば私は一例も知ら

ない。

　営業部長を管理本部長にしたり、「人事は素人」の人事部長を出現させたりするのは、伝統的日本企業によくあるジョブローテーションを通じ、複数の部門を経験させ人材を育成するというキャリア形成のかたちなのだろう。

　しかしながら、前述した主力工場の管理本部長に管理部門の経験のない人物を据えるという決定には大きな疑問を覚える。素人の管理本部長に、その会社にとって最適な人事戦略の立案、遂行を任せることができるのだろうか。

　素人の管理本部長や人事部長を据える企業はそんなリスクを背負っている。いやいやながらも管理本部長や人事部長に抜擢されるのだから、管理や人事は素人であっても、彼らは優秀な人材であることは間違いないだろう。優秀な人材は、どこに行ってもそれなりに優秀な成績を収めるはずだから、彼らが会社の致命傷になるような大きな間違いを起こすことはないかもしれない。

　また、長く日系企業の経営コンサルタントを務めた友人は、私のそのような疑問を一笑に付した。日本企業では、たとえ管理本部長といっても自分で決定することなどなに一つない。素人の部門長が就任する場合は、大抵の場合はリスクヘッジとして、直下の人事、経理、総務などの各部長はそれぞれの部門のたたき上げの専門家が就任している。いわば彼らの神輿に乗って、２年とか３年とかの任期を、大きな間違いもせず大過なく過ごせばそれで十分と割り切っているはずだという。

　果たしてそうだろうか？　私は、会社経営を考えるに当たり、大きな間違いをしない程度で良しとする割り切りには首肯できない。素人部長とはいえ、もともと優秀な人なので、おおむね問題ない意思決定はできるだろうが、その分野における専門性の欠如や経験不足から、それは決して最適な意思決定ではなかったという可能性はあるだろう。また、たとえ彼らが最適の意思決定にたどりついたとしても、それに要する時間は最短ではないかもしれない。これも経営上のロスになる。素人部長を据える場合、そのようなリスクは十分に考えられる。

過去の右肩上がりの高度経済成長下の会社経営であれば、そのような素人部長をうみ出す人事異動のリスクも会社として吸収し、成長し続けることができたのかもしれない。

底の浅い、スペシャリストVSゼネラリスト議論

　私は、ゼネラリストだのスペシャリストだのという議論を、外国人の人事部長とはやったことがない。ところが日本では、著名な経営コンサルタントや人事の専門家から、就職戦線を控えた学生に至るまで、かまびすしく議論を続けている。

　ゼネラリストとは、「複数の分野においてある一定以上の知識や技術を持ち、仕事をしていく人のこと」。スペシャリストとは、「特定の分野に優れた知識や技術を持ち、仕事をしていく人のこと」である。

　振り返ると、年功序列、終身雇用の高度経済成長期の日本企業はゼネラリスト志向であったが、その後、スペシャリストが重視され、最近ではまた、ゼネラリストが見直されている。

　出世に燃えている野心あふれる学生は、ゼネラリストでないと社長になれないという思いからゼネラリストを目指すが、新卒入社後、3年で3割が退職する時代では多くの学生は、その会社に骨を埋めようとは思わず、リスクヘッジの観点からスペシャリストを目指す傾向にあるらしい。

　学生の考えが底の浅いのは、単に世間を知らないからだと思っていたが、昨年暮れに、大学のゼミのOB会の席で、新卒で邦銀に入社した30代の後輩に出会い、彼から「銀行は僕のことをゼネラリストとして育てたいようなのですが、僕は投資銀行業務のスペシャリストになりたいのですが……」という話を聞いた。

　日本の労働市場は欧米諸国やアジアの伸び盛りの国々と同様、流動化しており、働く人の市場価値は労働市場が規定するようになってきている。特定の会社で優秀といわれたエリート社員が市場ではまったく評価されないことも珍しくない。また、日本企業で働く外国人社員も増えているが、彼らは最初から定年まで日本企業で働き続けるなどとは考えてはおらず、日本企業が

積極的に海外へ進出する傾向を見て、そこに彼らは市場価値を見出しているにほかならない。

スペシャリストだろうとゼネラリストだろうと、市場がその人の価値を認めるようなキャリア形成をすればよいだけのことで、市場価値のないスペシャリスト（専門バカといわれる人々）も市場価値のないゼネラリスト（特定の会社では活用できるが汎用性のないノウハウしか持たない人々）も多くいる。一方で市場価値を持つスペシャリストもゼネラリストもいる。

日本では、新卒採用―終身雇用の頃に成立した労働慣行を引きずっており、いまだに企業に人材の配置転換に関する大幅な裁量権限を認めている。人事異動とは、「どこでも行き、どんな仕事でもするのが労働者の義務である」というのが、日本における標準的な考え方である。いったん形成された考え方はなかなか覆らないが、労働市場は大きく変化してしまった。流動性が高くなり、中途採用市場も拡大している。終身雇用などはとうに崩れてしまい、大手企業といえども、リストラを行う可能性は否定できない。

そもそもキャリア形成は、自己責任のはずである。少なくとも日本以外の欧米諸国、中国、韓国、台湾などのアジア諸国ではそうだ。自分の人生は、会社に頼らずに自分で責任を持つという考え方だ。ゼネラリストだ、スペシャリストだという議論をせずに、まずは日本の労働市場が流動化しているという事実、不確実性の時代には1社では人生を全うできない可能性があるという現実的前提を踏まえて、自分のキャリアをどう形成していくのかを考えることをしてほしい。また、労働市場は他の市場と同様、自由競争がルールであるということも忘れてはならない。

労働市場で自分が勝利するには、自分の市場価値を作らなければならない。労働市場で市場価値を有する人材をプロフェッショナルという。ゼネラリストだのスペシャリストだのという底の浅い議論をするのであれば、「個人はプロフェッショナルを目指し、会社は外部の労働市場で通用するプロフェッショナルを育てよ」、と言いたい。若い時は、若いということ自体が市場価値となる。若さは時間とともに薄れる。若さという市場価値はすぐに陳腐化する。どんな専門性、知識、技術、経験を積めば、自分の市場価値が生

まれ、磨かれるのかを一人一人が見きわめることが必要である。何も世間で言うスペシャリストが必ずしも市場価値があるとは限らない。また、特定の職種が時代遅れとなり、そのスペシャリストは、昔はもてはやされたが、今は見向きもされないという例もある。ゼネラリストはその会社にとっての価値しかなく、労働市場では評価されないという意見もあるが、これも常に正しいとはいえない。特定の会社でしか活かせない専門知識や技術しか習得できなかった人もいれば、複数の部門の経験を他の会社でも活用できる人もいる。労働市場でもゼネラリスト全てを無価値という判定はしていない。

　要は、自分は何をしたいかということから出発して、それが今の労働市場でどう評価されているかを分析し、将来の労働市場ではその評価がどのように変化するのかを自分なりに判断した上で、自分のキャリアをつくっていくことである。少なくとも日本以外では、以前からそのようなキャリア形成が当たり前であった。

日本とアメリカの雇用の考え方

　日本では、解雇はきわめて制限的にしか認められていない。しかしながら、この解雇不自由の日本の事情は、海外から見ると非常に分かりにくい。

　日本の民法第627条第1項では、「当事者が雇用の期間を定めなかったときは（無期雇用契約、正社員雇用）、各当事者はいつでも解約の申入れをすることができる」としている。まさにアメリカにおけるEmployment at will（随意雇用・解雇原則）と同じ考え方である。

　日本における労働関係の考え方は、民法でいったん契約当事者間の対等原則を認めた上で、労使関係における使用者と労働者の関係を勘案して、実際は労使間では対等原則が最初から成立しておらず、相対的に使用者にくらべると不利な立場に位置づけられる労働者を保護しようという考え方で、労働基準法に代表される労働法が成立している。この労働者保護の中核となる労働基準法だが、解雇に関する条文は、第20条（解雇の予告）「使用者は、労働者を解雇しようとする場合においては、少なくとも30日前にその予告をしなければならない。30日前に予告をしない使用者は、30日分以上の平均賃金を

支払わなければならない」という、いわゆる解雇予告手当についての定めしかない。

　外国企業が日本に上陸するに当たり、よく陥る日本の解雇に対する誤解は、この労働基準法第20条によって起こる。あいまいな日本の労働法ではめずらしく、「30日相当の賃金」という金額明記もあるため、日本では30日分の賃金を支払えば Employment at will であると思い込む。

　たまたま、Employment at willが当たり前の考え方であるアメリカであっても、実際の解雇の事例では、無用のトラブルを回避するため、解雇＝雇用契約の会社からの一方的な解約という手段をとらずに、使用者と労働者間の合意による雇用契約の解消を目指すことが一般的である。合意退職を取り付けるときのアメリカでの特別退職金のいわゆる世間相場が、勤続1年に対して2週間分＝半月分の賃金相当である。そこから単純に、アメリカでは2週間が必要な金額だが、解雇が難しい日本ではその倍の4週間分なのだと誤解される。

　日本で労働基準法に基づき30日分の予告手当のみで解雇が成立するとすれば、実際は、経営破綻した会社における解雇事例程度のきわめて例外的なケースでしかない。日本の労働法で、解雇については平成19年に成立した労働契約法第16条（解雇）「解雇は、客観的に合理的な理由を欠き、社会通念上相当であると認められない場合は、その権利を濫用したものとして、無効とする」という記載が的確なものである。

　しかしながら、"客観的に合理的な理由""社会通念上相当"という解雇を成立させる2つの要件があいまいで分かりにくい。実際は過去何十年にもわたって蓄積された解雇不自由とする判例に支えられている。判例とはしょせん、個別の解雇をめぐる労働紛争でしかないが、これらの判例を精読して初めて、何が客観的に合理的な理由であり、何が社会通念上相当になるかが、ある程度判断できる仕組みになっている。外国企業の本社の人事担当者からすれば、あいまい模糊としたシステムと思えるのも無理はない。

アメリカが特別なのか、日本が特別なのか？

　ヨーロッパ諸国では、「アメリカのEmployment at willは極端な考え方で、ヨーロッパでは労働者保護について一定の配慮があるのが一般的だ」という意見がある。会社の業績不振、不採算部門の解消などを理由とする整理解雇を考える場合、この意見は正しい。アジア諸国、中南米諸国の労働法を概括しても、整理解雇における雇用契約の解消には一定のルールを課している国が多い。その意味ではアメリカが特殊だ。

　しかしながら、業務成績が芳しくない、Poor Performer（成績不振者）と言われる社員に対する解雇については、アメリカの考え方が他の諸国にとっても当たり前となる。

　成績不振者とは、就業規則等の定めに違反した懲戒解雇された社員とは異なり、就業規則等の会社のルールは遵守しているが、会社の要求する成果を上げることのできない社員のことである。遅刻も早退も欠勤もせずに出勤はしているが、その会社における一人前の仕事をすることができない社員のことである。このような成績不振な社員を解雇しようとする労働裁判をレビューすると、そのほとんどのケースで会社側が敗訴している。

　しかしながら、アメリカでもヨーロッパ諸国でも、最近日本企業の進出の著しい中国、その他アジア諸国にあっても、Poor Performerの雇用契約解消は基本的には可能とされている。もちろん、ある日突然、会社が社員の成績不振を理由に解雇することは、あまりにも乱暴な手続きであり、それはアメリカにあっても認められない。Poor Performerであることの立証責任は会社にあると考えられており、そこには、いずれの国でも共通する一定の手続きが必要とされる。

　まず、最初に必要とされるのは、会社の期待水準の明確化である。一般的にはそれぞれの社員に対して一定期間内に達成すべき業務目標を設定したり、それぞれの社員の職務をJob Description（職務記述書）を用いて、果たすべき職務内容、責任などを規定する。社員個人が会社でどんな仕事をしなければならないかをできるだけ具体的に決める。次に、社員個人の実際の仕事ぶりを正確に記録する。会社の期待と社員の実績を比較し、個人が会社の

期待値を上回ったのか、期待通りだったのか、あるいは期待を下回ったのか、をはっきりとさせる。要はPoor Performerであることを会社として立証する。

　Poor Performerであることの立証が終わったからといって、直ちに解雇したりはしない。チャンスを与える。本人にPerformanceを改善する機会を与える。会社の期待水準を下回る社員に対しては、本人に一層の努力を促すと同時に、会社として、上司を中心に本人の業績向上のための改善指導や、外部での研修機会や職場内でのいわゆる"OJT"での能力向上の機会を講ずる等、改善のためのチャンスを与える。チャンスを与えたにもかかわらず、成績不振を打開することができないと会社が判断した時点で、解雇という会社からの一方的な雇用契約の解消の手段はとらずに、本人と話し合って合意の上で会社を辞めてもらうというステップをふむ。

　日本でPoor Performerを解雇しようとする場合の手続きを判例等で検証すれば、理論上は上記ステップと全く変わらない。判例を読み込んでも、裁判官は会社に対してPoor Performerであることの立証を求めているし、会社に対しては十分に社員に対して改善の機会を与えるようにと付言する。ロジックは同一である。

　しかしながら、日本の人事担当者のほとんどは、実際に日本では、Poor Performerの解雇はほとんど無理であることを知っている。労働弁護士の方々にしても、Poor Performerの解雇に関して万一裁判ともなれば、高額の解決金を覚悟しなければならないというアドバイスをすることが多い。これは日本ではPoor Performerの解雇は実際はほとんど無理ですよ、という意見を表明しているに等しい。繰り返すが、Poor Performerの解雇に関する労働裁判の多くは会社敗訴である。

日本ではPoor Performerを解雇できないか？

　解雇を分析する際に、雇用関係を総体的にとらえることが重要だと考える。日本におけるPoor Performerの解雇不自由という常識が、海外での非常識であるのであれば、日本が非常識となった原因は、日本の雇用関係にお

ける特殊性に由来するところがあるのではないか。

　第一の特殊性は、日本の会社の有する配置転換権限である。日本では就職ではなく就社であるという。海外では、会社に入社するのではなく、どんな仕事をするのか優先されるので、就"職"となるが、日本では、どんな仕事をするかではなく、どの会社に入るのかを優先するので、就"社"となる。これは単なる言葉遊びではなく、日本の雇用関係の特殊性を語る上で重要な出発点となっている。

　Poor Performerの解雇をめぐる紛争の際に、裁判官は、まず会社の雇用責任を問う。具体的には、Poor Performerに対して解雇を求める前に、配置転換によって、本人により適した職務を見出す努力を会社に求める。会社の配置転換権限は日本では海外にくらべるとかなり広範囲に認められている。逆に言えば、会社に与えられている配置転換という権限を十分に行使する前に、Poor Performerと決めつけてはならないという理屈となっている。営業でPoor Performerであれば、経理に配置転換することで経理担当として会社に残るチャンスを与え、経理でもPoor Performerであれば人事に配置転換することで人事担当として会社に残るチャンスを与えるということを会社に求める。特定の職務の専門性を会社を超えて幅広く身につけることよりも、職務のいかんを問わずに特定の会社での雇用保障を優先するのが日本の雇用関係の常識である。

　これは海外からは非常識にうつる。どんな仕事をしたいのかを決めるのは本人であって会社ではない。配置転換は本人の希望や同意を得てはじめて行われる。これが海外の常識である。配置転換というステップをふまなければならない分だけ、日本の解雇は海外にくらべると難しい。

　第二の特殊性は、日本における長期安定的雇用を前提とした年齢別賃金構成の特殊性である。この日本の特殊性を実証するのはなかなか厄介だが、たとえば、課長昇格、部長昇格、役員昇格という、それぞれの節目となる職位の年齢を比較すると、日本よりも海外の方がそれぞれの役職到達年齢が若いという実感を持つ人が多いと思う。実際に、同じ産業で同程度の従業員規模の日米の2社を比較すると、課長、部長、役員の昇格年齢は、すべてにおい

てアメリカは日本よりも5歳若かったという事例が報告されている。

　ある人事の専門家は、日本型の年功序列型賃金体系を分析し、その特徴として、貢献度と賃金を比較すると、入社した直後の若年層は、教育優先時期として貢献度にくらべて賃金が多いが、その会社における、中堅社員、初任管理職のあたりは、年功による賃金上昇以上に、戦力としての貢献度が目覚しく向上し、賃金より貢献度が大きくなる。その後も引き続き年功賃金により賃金上昇はするが、貢献度の向上はそれほど大きくなく（一部の層では貢献度は頭打ちとなり、改善しないとも言う）貢献度より賃金が大きくなる。

　総体で見ると、会社におけるその人の賃金総額（会社におけるその人の貢献度の総量）となるように賃金体系は設計されていると結論付けている人もいる。年功序列型賃金などは過去の遺物であり、能力別あるいは成果型の賃金体系に移行している企業が今ではほとんどとはいえ、賃金カーブを年齢別に示せば、年齢の上昇に応じて賃金の上昇することは今でも厳然として存在することを考えれば、入社時は賃金より貢献度は小さく、戦力になるにつれて、賃金より貢献度が大きくなり、最後は貢献度より賃金が大きくなり、総体の損得はバランスするということはある程度は今でも言えるのではないか。これは、長期間安定的な雇用機会の提供を前提としてはじめて成立する。

　しかし、海外ではこれまで述べてきたように、長期的安定的な雇用機会の提供を前提とする雇用関係は成立しない。労働者は常にどの局面でも「賃金＝貢献度」となる賃金水準を要求する。これが実現されなければ、他社に転職する。海外にあっては、20年間、30年間にわたって、貢献度と賃金総額のバランスを取るという労働市場は形成されていない。どの時点でも、「貢献度＝賃金」となる労働市場である。

　Poor Performerの考え方は、年ごとの成果、成績を検証し、これがその会社のその人の期待水準を下回るということは、会社がその人に支払っている賃金もその会社の基準からは高すぎるということになる。しかしながら、日本の年功序列型の賃金構成を考えると、実は、その人の賃金が高すぎるという判断を正確に下すことはかなり難しい。実際のところ、Poor Performer

の解雇処分の前に行われるべき、Poor Performerに対する減給処分は、解雇と同様日本ではほとんど不可能であるという認識が根強い。減給が難しいのであれば、解雇が難しいのは、当然の帰結であろう。

第14章
日本と海外の違いの大きな原因は労働基準法にある

労働基準法が海外駐在員の赴任先での"非常識"を作り上げる

　本書では「日本の常識は海外の非常識」と繰り返し述べてきた。日本と赴任先では、文化も歴史も風俗習慣も異なる。日本と赴任先の法律の違いから「日本の常識が海外での非常識」となるケースも珍しくない。法律の違いから、日本では違法であっても海外では合法であったり（この場合はまだリスクも少ないが）、日本では合法であっても、海外では違法となることが十分あり得る。後者の場合は、深刻な労務トラブルにも発展しかねないので、十分に用心をしなければならない。

　かつて、日本では誰もセクシャルハラスメントなどという言葉すら知らなかった時代に、アメリカではセクシャルハラスメントに対する法規制がすでに確立され、広く運用されていた。

　海外駐在員の"日本における常識"は、赴任前の日本での就労経験を通じて徐々に蓄積される。新卒で入社すると、新人社員向けのオリエンテーションの場で、人事部から「わが社の就業規則」を渡され、会社の決まりや基本的な労働条件を説明される。その時に初めて、自分がその会社の社員として会社の決まりに管理されることになるという認識をもつ。

　入社式から始まった会社での就労経験を通じて、それぞれの"日本の常識"が少しずつ蓄積される。"日本の常識"は、会社の人事管理上の諸規程、就業規則や給与規程、出張旅費規程等々の様々な決まりに従って働き、管理職に昇格すると部下を管理することという経験を通じて徐々に積みあげられる。

　最初の頃は、何かといえば、就業規則などを引っ張り出し、いちいち就業規則を確認しないと一歩も前に進むこともできない状態であったのが、経験

を重ねるにつれて、徐々に覚える。いちいち規程を引っ張り出すことをせずとも、その場で会社のルールに沿う適切な判断が下せるようになる。瞬時に「その問題については、"常識"的にはこう考える」ということができるようになる。

その"常識"の元となっている規程が会社ごとにある。日本の会社の○○規程であれば、どの会社の規程も、労働基準法をはじめとするいくつかの法律に沿って定められている。法に背いた社内規程は存在しない。

ここでは、"常識・非常識"を引き起こす一つの要因である法律について見てみる。人事労務管理を考える場合に、もっとも影響力の大きい法律は労働基準法である。労働基準法をグローバル人事の観点からレビューし、海外での非常識が日本の常識となってしまう結果をもたらす原因を個別に検証してみようと思う。

労働基準法第89条と第90条（就業規則）

労働基準法第89条（（就業規則の）作成および届出の義務）（略）使用者は（略）就業規則を作成し、行政官庁に届け出なければならない。

労働基準法第90条（（就業規則の）作成の手続き）使用者は就業規則の作成又は変更について（略）労働組合（略）労働組合がない場合においては労働者の過半数を代表する者の意見を聴かなければならない。

就業規則の法的な意味のもっとも重要なものは労働条件を一律規範的に定めるものであるという点があげられる。簡単に言えば、就業規則で定めたものは、労働条件として、その就業規則の適用範囲である社員全てに等しく適用されるということである。

雇用関係は民法で規定される契約の一つであり、会社と社員との関係は雇用という契約で成り立っている。民法における契約の基本的考え方は、契約当事者間の対等原則であり、この観点に立てば、労働条件も雇用契約で定められるはずで、契約当事者間が対等であれば、会社が何らかの労働条件を決めたいと考える際には、契約のもう一方の当事者である労働者、すなわち社員の同意がなければ成立しないことになる。雇用契約は会社と社員各々との

間で交わされるものであるから、これまでのロジックをそのままなぞっていけば、会社における労働条件は、会社と各々の社員との、それぞれの合意に基づいて形成されることになる。そうなると、100人の社員を抱える会社は100通りの労働条件、1,000人であれば1,000通り、10,000人であれば10,000通りの異なる労働条件が成立することにもなりかねない。これでは、その会社で働く社員を公平に処遇することができなくなる。これを解決するのが就業規則である。就業規則で定められた労働条件は、そこに働く社員に対して公平に適用される。

しかしながら、就業規則で規範的に定められる労働条件は、新入社員が入社する前から決まっていたもので、新入社員は入社と同時にこれに従うことが要求される。

すなわち、新入社員は雇用契約の一方の当事者として、自分の労働条件について会社と交渉し、自ら納得して合意するという契約成立の際に一般的には必要とされるプロセスのすべてが省略されることになる。

日本語では「当たり前」という話かもしれないが、雇用契約を文字通り「契約」として会社とて交渉を繰り返す国（アメリカ等）で働く人々からすれば、この「当たり前」がすでに非常識となる。

さらに、最初に参照した労働基準法の記載をたんねんに読んでいくと、興味深いいくつかの問題点が出てくる。

最初は、第89条の（就業規則の）作成についての定めという記述と本文の「使用者は就業規則を作成し」の記述である。「就業規則の作成」とある表題の意味することは、ここでの条文により、就業規則という労働条件を規範的に規定するルールブックが作成されるということである。そして、「作成される」とは、単に就業規則を「書く」ことではなく、「書かれた就業規則が就業規則としての効力を持つ」ということであり、「労働条件を規範的に規定できるようになる」ということである。

第89条の意味は、社員の労働条件を規範的に定めることのできる就業規則は、社員の参加なしに、会社が一方的に書き起こすことができ、それが就業規則としての効力を持つということになる。

社員の過半数以上からなる労働組合のある会社に勤務する者からは、「就業規則の作成や変更には必ず事前に労働組合の同意が必要となっている」という指摘がありそうだが、それは、その会社と労働組合との間で交わされている労働協約という、会社と労働組合との約束事があるからであって、労働基準法で規定されている就業規則は、雇用契約の一方の当事者である会社が一方的に定めることができるというのが、すでに日本では確立している法解釈である。労働基準法第89条には直接書かれていない就業規則が効力を発するための要件は、唯一、会社が社員に対して当該就業規則を周知するという、いわゆる周知義務のみである。

　実は、中小零細企業にあっては、就業規則は作成したものの、原本は一冊のみで、常時社長が持っており、社員は見たこともないというようなことがほとんどである。そんな会社にあっても、会社の存続のためには海外進出を志向したり、外国人社員を採用したりする。その外国人社員が、雇用も契約であり、自分は契約の一方の当事者として、労働条件については会社と話し合い、納得した上で入社したいという考えの持ち主であれば（外国人社員の大半はそんな考え方、"常識"を持っている）、会社と外国人社員との間での認識のギャップがあることは容易に想像される。

　次に、第90条は、「就業規則の作成の手続き」である。90条違反は手続きの違反でしかなく、就業規則の効力には影響を与えないという点を最初にはっきりとしておきたい。簡単に言えば、第89条に従い、会社で書き起こした就業規則は一定期間の社員への周知責任を果たせば、就業規則としての効力は生まれ、第90条の作成の手続きに違反したとしても、就業規則はそのまま就業規則としてあり続けるということだ。この点は、人事担当者も誤解している場合が散見されるので、注意をしておきたい。

　第90条の「労働組合（略）労働組合がない場合においては労働者の過半数を代表する者の意見を聴かなければならない」の記載は、労働者代表の意見の聴取と言われるものだが、このすでに確立している法解釈（日本の"常識"）も、海外から見ればなかなかユニークなものといえる。本条文の解釈は、手続きで必要なものは、労働者代表の意見である、というものである。

あくまでも意見であり、同意ではない。したがって「労働者代表の意見書の内容が、全面的に反対するものと、特定部分に反対するものとを問わず、（意見を聴取すれば）就業規則の効力に影響はない」というような労働省通達（昭和24年3月28日基発第373号）につながる。

要するに、労働条件を規範的に定めることのできる就業規則は、会社が勝手に作って、社内の掲示板やイントラネットにあげておけば、社員代表が反対しても、就業規則として完成できるということになる。

アメリカの労働法ではそもそも会社に就業規則の作成義務はなく、アメリカで広く見られる社員ハンドブックは、会社が作成する就労のルールをまとめたものであり、ほとんどの場合、ハンドブックの最初のページに「これは契約ではない、したがって会社が任意に変更することができる」との記載がある。

中国では、就業規則の作成が義務付けられており、日本と同様に、就業規則は会社が作成することができるとなっているが、就業規則がその効力を持つためには、その企業の所在地にある労働局に届け出て（ここまでは、所轄の労働基準監督署への届け出を義務付けている日本と同様）、その労働局から適法性の認可を得なければならないとされている。所轄労基署への届け出義務までとなっている日本とは事情が異なる。

本論からやや外れるが、たまに人事部から「労基署に行き、就業規則変更を届け出たところ、監督官がその場で変更箇所を眺めて、記載に誤りがあるといって、受け付けてもらえなかった」という話を聞くが、これなども行政の担当者に見られる「自分たちは取り締まり権限を持っているから、民間に対していつでも指導できる」というような思いの典型例である。少なくとも労働基準法第90条は「届け出」を義務付けており、労働基準監督署は届け出られたものに対しては、その場で受理しなければならない。

労働基準法が規制する労働時間の意味

労働時間は報酬に次いで、重要な労働条件であるとされている。日本の労働基準法でも、第4章が「労働時間、休憩、休日および年次有給休暇」と特

別に章立てされており、第32条から第38条までと、第40条、第41条が労働時間に関連する定めとなっている。さらにこれを詳しく見ると、第32条の中に、第32条の2、第32条の3、第32条の4とあり、第38条の中にも第38条の2、第38条の3、第38条の4とある。このような複雑な構成となったのも、昭和22年の労働基準法の制定以降、現在に至るまで、労働時間に関する労働基準法の定めは改正に次ぐ改正を何度も繰り返した結果、追記に追記が重ねられたためである。

労働基準法の労働時間に対する基本的な考え方は、戦前の工場法における労働時間管理の考え方に由来するといわれる。

工場法は大正5年（1916）に施行された。女工哀史に代表される当時の工場労働者の悲惨ともいえる労働実態を少しでも保護しようという観点から成立した。興味深いのは、工場法などを作り労働者保護を志向すれば、まだまだ遅れている日本は先行きどうあがいても先進国には太刀打ちできないとして、工場法批判の急先鋒であった渋沢栄一が、日清戦争後に工場法成立の旗頭に立ったということである。もっとも工場法自体は、多くの資本家の反対の中、明治44年（1911）に成立はしたが、施行には5年を要したという。

その内容は、適用対象は15人以上の工場に限定され、最低就労年齢は12歳。最長労働時間は12時間であるが、その適用は15歳未満および女性労働者に限定された。休日は月2日、これも適用対象は15歳未満と女性労働者に限定され、午後10時から午前4時までの深夜就労の禁止も15歳未満と女性労働者に限定された。他の先進諸国と比較すると労働者にはかなり厳しい内容となっている。また、製糸業では、日本を牽引する輸出産業の育成の名目から、工場法の例外として14時間労働が特別に認められた。また、同様の理由からか紡績業でも例外的に女性労働者の深夜就労が認められていた。

女工哀史は工場法では解決しなかったのである。大正12年（1923）には、適用対象が10人以上の工場に拡大され、労働時間も1時間短縮、適用対象年齢も16歳未満に引き上げられた。また、深夜業の定義も午後10時から午前5時までに変更された。さらに昭和4年には、年少者と女性労働者の深夜就労が禁止された。

しかし、10人未満の工場は同法の対象外であった。また、工場以外の産業も同様に工場法の適用外であった。さらに、成人男子についてはいっさいの労働時間の規制はなかった。このように戦前の工場法の定める労働条件は労働者保護とはほど遠いものであった。
　第二次世界大戦後、昭和22年（1947）の労働基準法の成立で工場法は廃止された。労働基準法における労働時間は、その規制の対象がすべての労働者におよんだ。この意味では画期的な改革である。労働時間は1日8時間、1週48時間（当時）を上限として定められた。工場法の1日12時間という労働時間の規制と比較すれば、その差の大きさに驚く。
　現在の労働基準法の労働時間の定めの原則は、同法第32条「使用者は、労働者に休憩時間を除き1週間について、40時間を超えて労働させてはならない」。第2項「使用者は、1週間の各日については、労働者に休憩時間を除き1日について8時間を超えて労働させてはならない」とされている。ここで注目したいのは、「労働させてはならない」という表現である。よく対照的であるとして比較されるのはアメリカの"労働基準法"である公正労働基準法（Fair Labor Standards Act）である。公正労働基準法の労働時間の条項を見ると、日本の労働基準法にあるような労働時間の制限である「労働させてはならない」という記述は見あたらない。アメリカ労働省のホームページを見たら「There are no federal laws prohibiting overtime work, but employees who work more than 40 hours in a workweek must be paid overtime wages.（残業を禁止する連邦法は存在しない。あるのは、週40時間以上の労働を行った場合には残業代が支払われなければならないという定めである」という記述がみつかった。
　実務上では日本にあっても、使用者と労働者代表または労働組合委員長との間で締結される「時間外労働と休日労働に関する労使間の協定」、いわゆる「36協定」により、1日8時間以上、1週40時間以上の労働が行われているのが実態ではあるが、法理論からいえば、最長でも1年間の有効期限しか認められないこの36協定を締結して初めて、「労働させてはならない」という労基法第32条の規定に対する免罰的効力が一時的に発生するに過ぎない。

日本の労働時間規制の根源的な考え方は、あくまでも「１日８時間以上労働させてはならない」あるいは「１週40時間以上労働させてはならない」、という考え方にとどまっている。「そのような規制はいっさいなく、あるのは割増賃金の支払いのみである」（アメリカの割増賃金の割増率は50％、日本は25％）というアメリカの基本原則との違いは非常に大きいものがある。

労働時間規制が有効な労働者（アメリカと日本）

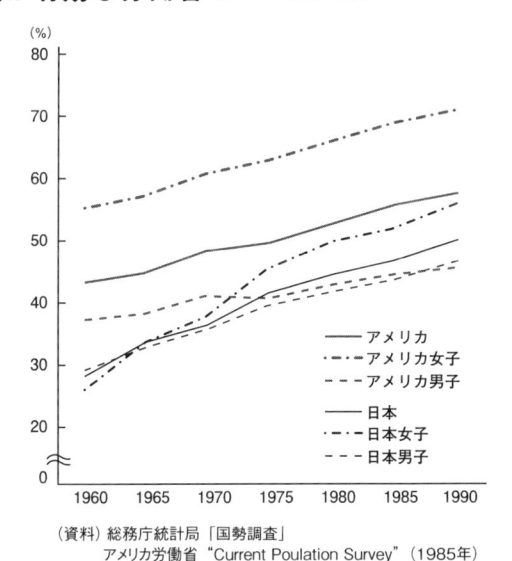

（資料）総務庁統計局「国勢調査」
アメリカ労働省 "Current Poulation Survey"（1985年）

　上図は、いくらか古いが平成５年の労働経済白書からのグラフである。1960年（昭和35）から90年までのいわゆるホワイトカラーといわれる労働者の占める割合の日本とアメリカ両国の推移を示している。日本の動向のみを見れば、1960年には全労働人口の３割にも満たなかったホワイトカラーが、1990年までの30年間にわたり増加し続け、1990年には全労働人口の５割弱になっている。
　ちなみに厚生労働省の白書を読み込んでいると、最近の日本のホワイトカラーは全労働人口の55％程度に達しているという。アメリカと日本を対比す

れば、男性労働者のホワイトカラー比率は1990年に日本はアメリカに追いついたものの、全労働者におけるホワイトカラー比率はいぜんとしてアメリカの方が高い。これは日本における女性労働者のホワイトカラー比率も増加しているが、それ以上にアメリカの女性労働者のホワイトカラー比率が常に高く、この傾向が全労働者のホワイトカラー比率の差に繋がっている。日本がアメリカの労働市場の傾向を引き続き後追いするのであれば、今後も日本では女性労働者のホワイトカラーへの参入は増え続けるであろうと予測される。

　この労働者の過半数以上を占めるに至ったホワイトカラーであるが、彼らの１時間の労働時間は同じ価値を持つのだろうか。会社では、「要領悪く仕事ができない社員ほど残業する」という声や、「能力ある社員は仕事が早い」という声はよく聞く。部下を抱えている者は、特に仕事のできる部下と仕事のできない部下を比較して、このような思いを痛切に感じていることだろう。では、そのできる社員の１時間と、できない社員の１時間は、会社にとって同じ価値なのだろうか。有能な社員の１時間は無能な社員の１時間よりも会社にとっては価値がある。しかし、労働基準法第32条の「１週間について40時間を超えて労働させてはならない」「１日について８時間を超えて労働させてはならない」という労働時間規制には、この１時間の価値の違いに対する考慮はいっさいされていない。

　「できのよい社員」が残業せずに定時に終わらせることのできる仕事量を、「できのわるい社員」が担当することになれば、もともとできが悪く効率がよくないのだから、しょせん定時に仕事を終わらせることはできない。仮にその仕事をその日の内に終了させなければならないのであれば、「できのわるい社員」は定時を超えて残業しなければならない。

　その場合でも、所定時間には仕事が終わらずに残業したのだから、残業代を受け取る権利がある。これは日本の労働基準法の考え方に合致する。一方でこのような社員の権利の主張は受け入れがたいとするのが会社側の考え方。これは労働基準法では受け入れられず、法律違反となる。

　社員個々が全く同じ仕事量をこなすような状況であれば、問題は起こらな

い。優秀な社員でも、そうでない社員でも1時間で実現できる成果が等しい状態であれば、1時間の労働時間の価値の差は生じない。仕事が増えれば誰でも残業をし、仕事が定時分の場合は、揃って定時に終業する。このような状況であれば、残業代を請求する社員と、残業代を支払う会社との間にギャップが生じることはない。

　戦前の工場法が想定していた工場労働者の働き方がまさにこれだと思う。しかし、現代のホワイトカラーには当てはまらない考え方である。1947年に制定された労働基準法は、今でも工場労働者を対象とするかのごとき労働時間管理の原則を抱えている。こんな日本の姿は、外国からすれば理解ができないことである。

裁量労働制の問題点

　労働基準法第38条は、労働時間の「時間計算」についてである。その第38条の3が専門業務型裁量労働についての定めであり、第38条の4が企画業務型裁量労働の定めである。ここでいう「裁量労働」とは、実際には何時間働こうとも、あらかじめ労使間の協定で定めた一定の労働時間を働いたものとみなすという「みなし労働時間」の制度である。たとえば、労使協定で1日8時間というみなし労働時間を定めた場合は、裁量労働の適用対象の社員は、その日10時間働こうとも12時間働こうとも、1日8時間の労働をしたものとみなされるのである。

　裁量労働の適用対象者は何時間働いたかという労働時間の実績ではなく、どのような成果を上げたかという結果で評価される、というのが定説である。能力あるホワイトカラーにとっては、申し分のない労働時間管理制度のようにも思える。これまで私が時代遅れと批判してきた、労働基準法第32条の労働時間の基本原則である、1日8時間以上1週40時間以上働かせてはならないという定めと反するものである。

　これはアメリカやイギリスで見られる、いわゆるエグゼンプト（exempt）といわれる残業代支給の対象とはならない労働者の概念とにかよっている。特にアメリカのエグゼンプトとくらべると、労働基準法第38条の3と4で許

されるみなし労働の対象がきわめてせまい。

そのため、これを拡大しようと小泉政権下ではホワイトカラーエグゼンプトという問題が提起されたが、結局は見送られてしまっている。

ここで強調しておきたいのは、専門業務型と企画業務型の2種類の裁量労働の運用面の違いである。厚生労働省を中心として行った労働時間管理制度の改革がいかに場当たり的で一貫性に欠けているかがうかがえる。

専門業務型裁量労働では、対象となる職種が、たとえば研究開発の業務やシステムエンジニアの業務というように、具体的かつ制限的に定められている。いったん労使間の協定が締結されれば、すぐに企業はこの専門業務型裁量労働を導入することができる。その点では使い勝手のよい制度である。

しかし、残念なことに、対象となる職種が19種類と限定的にしか認められていない。したがって、企業としても特定の職種を対象とする限定的運用しかできない。

企画業務型裁量労働では、本社のいわゆるスタッフ部門を想定したもので、人事や経理、営業などの企画業務に従事する社員を対象としている。この企画業務型裁量労働は、会社全体の経営に影響を与える企画に限るという制限的解釈が付加されている。そのため、特定の製品の企画を担当するマーケティング業務は対象からはずれる。特定の一地域の営業企画の担当者も、その一地域が会社全体の経営に対してかなり大きな影響を及ぼさない限り、対象から外れる。しかし、実務をよく知っている者からすれば、労働時間ではなく成果で評価される対象職種としてマーケティング業務や特定地域の営業企画業務がはずされるという法解釈は納得がいかない。

さらに、企画業務型裁量労働を導入するには、専門業務型裁量労働は必要ない、適用対象社員の合意が不可欠なのである。別に社員一人一人との個別合意がいけないというのではない。同じ裁量労働で、かたや労使協定のみで個別合意は不要、かたや労使協定に加えて個別合意が必要という運用の違いを法が要求するのは合理的でないと言っているのだ。

企画業務型裁量労働の導入には、労使委員会の設置が必要である。裁量労働はともすれば過重労働や過労死にもつながると言われているが、そのよう

なリスクを労使間の委員会で監視することで回避する仕組みである。しかし、なぜ企画業務型裁量労働のみに労使委員会の監視が必要なのだろうか。専門業務型裁量労働では過重労働回避のための労使の監視は必要ないのか。

2種類の裁量労働にあって、法が求める運用の仕方がかくも違うのは、制定された時期が違うからである。その時々の社会情勢や国会での勢力地図の影響で、かくも理解し難い2種類の裁量労働が誕生したのである。これを海外の人々に理解させるのは無理である。

営業のみなし労働の怪──事業場外労働制

労働基準法第38条「時間計算」の2は、営業などの事業場（会社）の外で仕事をする人たちのためのみなし労働時間制の定めである。この条項を見ると「労働者が労働時間の全部又は一部について事業場外で業務に従事した場合において、労働時間を算定し難いときは、所定時間労働したものとみなす」とある。同条文の後段では、所定労働時間とされているこの一定のみなし労働時間は、別途労使協定で定めることもできるとされている。

この事業場外労働のみなしの仕組みのポイントは「労働時間を算定し難いとき」にはじめてこのみなし労働が使えるという法律の組み立てである。したがって、「算定できる」ときはみなし労働は使えない。営業担当者が終日上司と同行の活動を行っていれば、上司がその担当者の労働時間の管理ができるため、「算定し難い」とは解釈できないということになる。製薬企業の営業担当者であるMR（Medical Representative 医療情報提供者と言う）は、病院など医療施設を訪問する時は「算定し難い」ので、みなし労働である。有名なドクターを招いて医療セミナーなどを主宰する場合は、その当日は特定の場所で実施され、セミナースケジュールも事前に決まっているというので、「算定できる」のでみなし労働対象外（この業界の常識。信じがたいが事実である）。

要は、裁量労働で検証したような一定の職種についてはみなし労働の対象とするというような法の構成ではなく、あくまでも労働時間を「算定し難い」状況に限って、みなし労働時間が使えるのである。

「みなし労働」は、「算定し難い」という表現ではじまったために、算定できるのであれば、会社が労働時間を管理し、冒頭の1日8時間以上、1週40時間労働させてはならないという本来の管理にすべきであるという厚生労働省の姿勢が垣間見える。

　しかしながら、営業は労働時間では評価できないことはよく知られている。何時間地道に働いても全く売れない営業もいれば、1日のほとんどをコーヒー店でのんびりしているが、売り上げのトップにいる営業もいる。営業こそ、「算定し難い」からみなし労働にするのではなく、成果に応じて評価する裁量労働の考え方が適されるのだ。海外での営業はこの成果中心の考え方で評価される。残業代は支給されない。「算定し難い」ときのみなしが使え、残業が不要となるのは日本だけである。また、海外からすれば、この労働基準法第38条の2の「算定し難い」という法解釈も理解を超えるものである。

　こう見ると、労働時間という働く者にとって重要な、日本の労働基準法の定めは、合理性に欠け、一貫性もない。海外の常識とはかけ離れたものである。

第15章
グローバル人事について

海外進出の進化のパターン

　私の最初の海外駐在（1982～85年）経験をもとに、日本企業の海外進出を展開してみる。

　（1）海外進出の初期段階（輸出中心）

　日本企業の海外進出は、"自社製品の海外市場への売り込み"、"商品力に優れている海外産品の買い付け"から始まる。どのような日本の製品がよく売れるのか、また、現地でのどんな産品が日本人に受け入れられるのかという観点から、現地での情報収集と分析を行うのが、駐在員の重要な仕事となる。社員を海外に駐在させるコスト（その頃は、海外駐在員一人当たりのコストは国内勤務者にくらべると5倍から10倍と言われていた）を考え、海外駐在はさせずに、海外出張で補うという企業も多かった。

　この段階では、さらなる自社の海外進出に備えて、能力があり、かつ耐久力もある若手社員に対してトレーニー、今でいうインターンシップのような形で6か月とか1年間という比較的短期間海外に送り込み、現地でのビジネスを勉強させるという試みもあった。

　（2）海外駐在の初期段階（初期・設立段階）

　次のステージが、海外駐在の初期段階である。海外出張ではなく海外赴任である。現地での情報収集は引き続き重要な仕事である。同時に、日本と赴任先の繋ぎ役としての様々な機能を果たすことが求められる。日本から赴任先へ出張してくる日本人のアテンドも重要な仕事として認識される。時差を超えて日本本社と頻繁にコミュニケーションをとることが多い。時差だけでなく、実際は祝日に関しても日本のカレンダーに従って仕事をする。クリスマスは日本人だけが出勤し、正月は日本人だけが休んでいる。仕事の性質

上、日本本社の人的ネットワークも熟知し、日本的意思決定の仕組みである稟議制度にも精通しているなどの条件を満たすスタッフが中心となる。

　私はシドニー駐在時代、当時の二代目駐在員事務所長が、事務所の総経費の節約を考え、本社からの駐在員の増加を要請せずに、地元に住む日本人スタッフをローカルスタッフとして採用した。そのため私の最末席としての駐在員生活がしばらく続くことになった。その日本人ローカルスタッフは、当たり前のことだが日本本社のことは全く知らない。結局、中途半端な活躍しかできずに、短期間で辞めていった。このステージでの業務は、日本本社からの日本人駐在員が担当するのがもっとも効率的だったといえる。赴任先で働くスタッフは日本本社からの出向者が主体で、地元で採用するローカル社員は秘書やアシスタントに限られる。

（3）現地法人設立の段階（成長・本社機能の一部移転）

　海外進出が次のステージに進むと、駐在員事務所ではなく、販売、あるいは製造と販売や研究開発・製造・販売を担う現地法人を設立するようになる。販売、製造あるいは研究開発というその会社の主要部門に地場の優秀なスタッフを雇い入れるようになる。組織の拡大に伴い、それぞれのラインでは、地場の優秀な社員がマネージャーを務めるようになり、経営層もトップは日本本社からの出向者であっても、副社長は社歴が長くその会社の現地での進出の歴史にも詳しいベテラン社員が任ぜられたりする。

　このステージでは若手の日本本社からの出向者の上司が外国人（要は地元のローカル社員のマネージャー）、同僚社員も外国人という場面も想定できるが、実際にはそのような場面で働いている日本人若手駐在員はほとんどいない。販売、製造、研究開発、それぞれの業務が日本本社との密な連携で成り立つのであれば、日本語、日本本社との繋がりという点で優位性を持つ本社からの日本人社員の価値も認められるのであろうが、多くの場合は、そこでの販売、製造、研究開発の業務は現地の市場を対象としている。現地の市場で自社の製品が受け入れられることを最優先する。

　そんな場合には、現地の事情に精通した地場の社員のほうが、日本本社からの若手社員よりも数段戦力として優秀である。加えて、日本本社からの駐

在員の人件費は、地場で採用するローカル社員の人件費の数倍は嵩んでいる。費用対効果を考えても、日本人若手駐在員をそのようなポジションにつかせることは合理的ではない。

日本本社人事部からすれば、国内勤務者の数倍のコストをかけて、海外に送り出した本社からの若手社員よりも、海外の出先のローカル社員のほうが優秀であるという人事考課の結果などはだんじて受け入れがたい。

とうぜん日本人若手社員は、日本本社との繋がりの濃い部門に配属されることになる。そんな部門は限られているし、現地化が進めば進むほど、海を越えた日本本社よりも現地の市場の重要性は増してくる。現地化が進み、組織が拡大し、総従業員数は増加するが、若手の日本人駐在員数が増加することはない。

(4) 海外進出の最終段階（成熟・海外現地法人の自主独立段階）

海外進出の最終段階は、地場企業として定着するステージであろう。日本企業でこのステージまで進んだ企業はまだ数えるほどしかないが、日本市場の成長余力の脆弱性であるとか、中国を中心とした海外市場の成長可能性を考えれば、日本企業の成長を支えるビジネスモデルの一つは、これを目指すことであろう。このステージになれば、日本本社からの若手出向者はおろか、中堅から経営トップに至るまで、あえて日本本社からの出向者で占める必要はない。

日本本社からの出向者の役割は、現地法人と日本本社とのつなぎ役、本社ノウハウで現地でも役立つものがあれば、それを伝承できるベテラン社員、具体的には本社製品に精通している技術者や製造、保守、点検などの専門家などに限られてくる。社長のポストですら、日本本社からの出向者にこだわる必要はない。逆にローカルの優秀な社員を現地法人の社長に据えて、さらに本社を含めた企業グループ全体の経営に関与させる仕組みとしたほうが、優秀な現地社員の採用や定着に資する。

また、日本人幹部社員のみで構成される経営会議よりも、そこに外国人幹部社員が加わることで、その企業全体のグローバル化の進展にも繋がっていく可能性すらある。このステージでは、日本本社から若手社員が海外駐在の

チャンスすら難しいということになる。

　私は、「自社の海外の現地法人に、若手社員向けの海外駐在員ポストが少なくなって困っている」という相談も受けている。数十年前の海外進出の初期段階では、駐在経験を積ませることも可能だったが、今は難しい。そんな余裕はない。即戦力となる若手社員でなければ、現地では受け入れてもらえない。日本本社からの出向者であれば、さらにローカル社員にはない本社社員である優位性までが求められることまで想定しなければならない。

　海外駐在員のコストを考えれば、単にローカル社員と同じような優秀さだけでは説明がつかないという。とはいえ、若手社員であれば本社勤務での経験もたかが知れている。そこまで期待されても、応えることはできない。また、赴任させるポストがないから、若手社員用には本社のコストで現地に特別にポストを用意してもらう。とは言っても、現地の事業の邪魔をしてはならない。現場のビジネスとはあまり関係のないポストを特別に作り、そこで生活しながら現地法人の仕事を脇から見てもらうしか経験ができない。

　企業を継続、発展させるためには、日本本社の若手社員のグローバル化は重要なテーマである。しかし、このような状況下で、日本人若手社員に具体的にどのようなキャリアパスを踏ませれば、真のグローバル社員の育成ができるだろうか。

日本とアメリカの最近の関係

　外務省の「海外在留邦人数調査統計平成24年版（平成23年10月1日）」によると、アメリカにおける民間組織（民間企業に加えて民間団体、非政府組織も含む）の赴任者数は5万人を超えている。外務省によれば、平成22年の民間組織が海外に派遣している赴任者総数は約24万人（海外赴任者に帯同される家族数を含めると約42万人）であることを考えると、アメリカの駐在員5万人という数はかなり多い。やはり民間企業にとってアメリカは大変重要な位置を占めている。しかし、このアメリカを抜いて、中国には8万人弱という日本人が派遣されている。

　「貿易統計」（ジェトロ）を見ても、2009年に日本の輸出先の第1位はアメ

リカから中国に変わり、以後2012年まで第１位が中国、アメリカは第２位という状況が続いている。輸入相手国については、もっと早く2002年から中国が第１位、アメリカが第２位という状況が続いている。これはアメリカにとっても同様で、商務省統計をみると輸出相手国、輸入相手国としての日本の地位は近年低下傾向にある。

　海外赴任者数の動向と貿易相手国の推移だけでかるがるしく論ずることは危険かもしれないが、最近の日米関係や日中関係の報道などを見ても、少なくとも、これまでは一番重要な国はアメリカであったが、これに中国が加わり、アメリカにとっても中国は重要な国になってきている。

日本の常識はアメリカの非常識

　日本からアメリカに数多くの駐在員が派遣されているが、人事労務の観点からいえば、アメリカは日本の常識が通用しない国といえる。

　その要因は、日米の"契約"に対する認識の違いにある。アメリカは契約社会であるといわれる。しかし、日本ではその"契約社会である"ということの意味をどこまで正しく認識しているのだろうか。

　その事件は、新卒採用を初めて試みたアメリカ系の在日企業で起こった。

　その企業では、ちょうどアメリカ本社からアメリカ人が新しい社長として着任している。彼は、日本は終身雇用の国なので、優秀な人材を確保するのは新卒採用が有効だと教えられており、初めての新卒採用に大きな期待を抱いていた。一般に外資系企業は日本企業にくらべると知名度も低く、また、日本企業とくらべて"外資は厳しい"という噂が学生に広まっており、その会社も多くの学生に新卒採用のためのセミナーに出席してもらうだけでも随分苦労をした。それでも、セミナーを終え、会社に関心を示す複数の学生を確保することができた。その後、会社幹部による面接を終え、その会社にとっては初回ながら満足できる優秀な学生に内定を出すことができた。アメリカの会社らしく、内定にあたっては内定通知書を作成し、内定者からは会社からの内定に応ずる旨のサインをしてもらった。

　ところが、４月１日の入社式当日、内定者の何人かは会社に来なかった。

事前に入社式を欠席するという連絡もない。人事部は入社式を欠席した内定者に連絡を取ったところ、その内の1人から「別の会社からも内定をもらったのでそちらに行くことにした」という知らせが携帯メールで送られてきた。それ以外の欠席者からは何の連絡もない。人事部は、社長に「こんな結果になって残念です。次は予定より多めの内定者をもつなどの工夫をしたい」と報告をした。

　社長は人事の言っていることが理解できなかった。「会社が必要とする人数以上の内定などはとんでもない。認めるわけにはいきません」「内定者の彼らは内定通知書に内定を応諾する証としてのサインをしたのだろう。キャンセルの意思表示も何もなかった。その意味では今でも内定というのは成立している」。確かに内定通知書には、内定を約束する社長のサインとこの内定を受諾する内定者のサインがある。アメリカ人の社長は、これで双方が"内定"という契約を取り交わしたと考えていた。アメリカではいったん取り交わした契約を一方の当事者に何の通知もせずに勝手にキャンセルすることなどは到底考えられない。

　アメリカは契約社会である。いったん取り交わした契約には双方が縛られることになる。そのため、アメリカの会社では人事労務の観点から見ても、契約の重要性をおもんぱかり、また、会社がその契約に拘束されることを嫌い、わざわざ人事関連の書類に「これは契約ではない」と明記するほどだ。先ほどの事例ではないが、日本の内定に似た仕組みで、アメリカでは採用に際して、採用予定者にオファーレターを作成し手交することが多い。オファーレターには入社予定時期、従事する業務、報酬、労働時間や休日、休暇などの労働条件が記載されており、レターの末尾に採用予定者がこのオファーを受諾する署名欄を設けている。ところが、面白いことに、このオファーレターの冒頭に、「これは契約ではない」と注記することが一般的である。私がアメリカの人事部長に「なぜわざわざこんな文言を入れるのか？」と尋ねたところ、「契約になるといろいろと面倒だろう」というコメントだった。

　アメリカは"契約社会"だから"契約"に伴う面倒くささをよく認識している。それゆえ、人事労務の実務でも、「これは契約ではない」という文言

を用いることで契約の持つ面倒くささから免れようと工夫している。日本はアメリカのいう"契約社会"とは異なる。したがって、このアメリカ人の契約に伴う常識を日本人が理解することは難しい。日本人が「この程度のことは許される」と考える行為が、アメリカ人にとっては「契約違反」となる。

アメリカの人事労務管理の考え方

　日本人が海外で人事労務管理に就く場合、実務上常に注意を払わなければならないのは、自分の判断が現地の労働法に則しているかという点である。日本の労働法がそのまま現地でコピーされているわけではないから、赴任地における労働法はどうなっているのか、という知識なしには労務管理を適正には行うことはできない。

　ともすれば、自分がよく知っている日本の労働法を知らず知らずのうちに個々の労務問題に対する前提として用いていることがある。この点について、常に現地の労働法に則しているかを確認することを忘れてはならない。

　アメリカの労働法を俯瞰してみる。アメリカの法体系は連邦法と州法があり、それぞれが別個に独立して存在しているという特徴がある。連邦法が州法に対して優位性を持っているのは限定的に列挙された事項に限られ、ほとんどの項目は州法の独立性が認められている。日本でも日本国の法とは別に、都道府県単位で定められる条例があるが、日本の人事労務を考える場合に、労働法各法に加えて都道府県の各条例までを確認することは、実務上はまずないだろう。

　ここでは、アメリカの州法までは網羅もできないし、俯瞰しようという試みなので連邦法に限って論ずることにする。

　アメリカらしい労働法といえば、雇用機会均等法（Equal Employment Opportunity Law、以下EEO）だろう。日本の男女雇用機会均等法と同列に考えてはならない。EEOでは日本の男女雇用期間均等法と同様に、男女間の差別も禁止してはいるが、差別を禁止する範囲がもっと広い。EEOでは、人種、肌の色、性別、出身国、宗教、またはそれ以外の不合法な雇用行為の要因（信条、年齢、身体障害、退役軍人など）を理由とするいっさいの雇用差

別、具体的には採用、昇進、昇給、異動、懲戒、レイオフ、解雇等の雇用上の決定の際にこれらを理由とする差別的取り扱いを禁止する法律である。EEOは、EEOC（雇用機会均等委員会）という行政機関を抱える。EEOCは雇用差別の訴えに対する事実関係の調査を行う権限を有し、雇用差別の当事者間への和解勧告や連邦裁判所への訴えを起こすことができる。

アファーマティブ・アクション（Affirmative Action）、「積極的差別是正」と訳されるが、差別をなくすためには強制力を行使し、結果として差別のない状態を実現するという考え方が定着している。ある学校の所在地のマイノリティーの人口割合が25％であれば、その学校の学生のマイノリティーの割合も25％になるように、マイノリティーの入学を優先させるというような特別措置は、アメリカでは「公平（Fair）」な取り扱いであるとされる。

人種差別を禁止する公民権法が制定されたのは、ジョンソン大統領時代の1964年、東京オリンピックの時である。ケネディ大統領が人種差別の廃絶を訴えて、この法の制定に取り組み、ケネディ暗殺後、副大統領であったジョンソンがこれを引き継いで成立させた。この法の制定を後押ししたのが、これも暗殺されたノーベル平和賞受賞者のキング牧師である。

EEOの関連では、年齢差別禁止法も日本人からすると奇妙に思える。年齢差別を徹底した結果、アメリカでは強制的な定年制度は違法とみなされた。日本の労働法では定年が60歳、さらに高年齢雇用安定法により、企業は再雇用制度などによる65歳までの雇用保障を実現することが求められているが、アメリカでは日本の60歳定年も65歳までの再雇用も法律違反となる。

職場安全健康法（Occupational Safety and Health Act）は、日本の労働安全衛生法、労働者災害保険法（Workmen's Compensation Act）。連邦失業保険法（Federal Unemployment Tax Act）は、それぞれ日本の労働者災害補償保険法、雇用保険法と同様の役割を果たす法律であるが、これらも日米の法律を比較すると細部では随分と違いがある。ここでも日本の労働法に基づく"常識"は通用しない。

日本の労働基準法に相当するのは、公正労働基準法（Fair Labor Standard Act, FLSA）だが、日本の労働基準法ほど労働条件に関する詳細な定めはな

く、主要なものは最低賃金（日本の場合は労働基準法ではなく、別途定められた最低賃金法で規制）と時間外労働の割増賃金の定め程度である。時間外労働の割増賃金、残業代についても、アメリカではエグゼンプトという、要は時間管理の対象外の職種が幅広く認められており、一言でいえば俗にホワイトカラーと称される職種はアメリカでは残業代を支払わなくとも違法とはならない。労働基準監督署から、課長に対する残業代未払いを厳しく追及されている日本の会社からすれば、アメリカは随分と寛大に見える。

アメリカの現地法人に労働組合がある場合は、さらに労働組合関連法も確認する必要があるが、民間企業を対象とする労働組合の組織率は10%を切っており、ほとんどの日系の現地法人では労働組合問題に頭を悩ませることはない。

アメリカの労務管理の基本は"契約"

アメリカで労務管理を行う際に重要と思われる労働法各法をざっとながめてみた。そこでのキーワードは"差別"である。アメリカでは"差別"的取り扱いに対する抵抗感がきわめて大きい。日本人がアメリカ人の差別に対する感覚を真に理解するのはたいへんである。

ほとんどの日本人は、「日本にはアメリカのような深刻な差別はない」と考えている。差別がなければ差別に対する抵抗感もない。先日、アメリカ人の差別に対する強い抵抗感は、「アメリカではいまだに差別的取り扱いが日常的に存在している。それはアメリカ人がよくないことと認識していることの裏返しである」という人がいた。

日本でも解消しなければならない差別問題は存在する。「日本には差別がない」という認識からスタートしているから、差別に対する抵抗感をもたないが、現実に存在している差別を見逃している可能性や、自分では全く意識をせずに相手を差別している可能性は否定できない、というロジックも成立する。

日本とアメリカの労働法を比較すると、日本のほうが労働法の制約事項が圧倒的に多い。

日本で20年近く人事関係の仕事をしているアメリカ人が、「日本の労基署は会社の人事労務の"箸の上げ下ろし"まで指導しようとしていますね。会社がOKで社員がOKであれば何の問題も起きないはずなのに、そんなところまで労基署は法律違反だから是正しろと口を出すのですね」と言っていたが、このコメントも緩やかな労働法規制と契約当事者間合意の尊重というアメリカの常識を踏まえれば当然といえる。

　労務管理にも契約当事者間の合意事項は反映される。Aさんにはベネフィットを会社が認めたがBさんには認めない、ということも、2人の契約が違うのだから問題はない。また、差別に抵触しない限りは、優秀な社員を特別に処遇することも問題ではない。営業担当者の営業成績に対するインセンティヴの仕組みが、個人によって異なることも実際に見てきた。もっともそんな個人ごとに異なるインセンティヴの計算など実際は煩雑以外のなにものでもなく、私のアドバイスを受けてその会社はすぐに営業全体で一つのインセンティヴ体系に変更した。

　アメリカでは、労働者の働き方も、正社員、契約社員、派遣社員、業務委託契約と様々で、これも会社と労働者個人の合意に基づいて適宜設定される。ある程度の専門性を持つ労働者などは、会社との業務委託契約により社員としてではなく、個人の事業者（Individual Contributor、インディビジュアル・コントリビューターと呼ばれることが多い）として、ある程度の自由度や独立性を確保しながら働くことを好む傾向がある。これが日本では、会社の指揮命令下にあれば、業務委託契約を締結していても雇用とみなすという労働行政の指導を受けたりするが、アメリカでは会社も個人もこれでよいと合意しているから問題はない。

契約社会を支える個人への尊重

　オバマ大統領が、最高裁まで巻き込んでいる政治問題が医療保険の改革である。医療保険改革法は、医療費を払えない無保険者をなくすため、国民に医療保険の加入を義務付けるというものだ。

　会社に勤めればその会社の健康保険、自営業者は国民健保という国民皆保

険が当たり前の日本人からすると、オバマ大統領の医療保険改革に対するアメリカ国内の反対は違和感を覚えるが、反対者からすれば、このような医療保険改革は余計なことであり、政府の介入による個人の自由の侵害であるという。

日本の労働安全衛生法では、社員に対する年1回の定期健康診断を会社に義務付けているが、その検診結果が、産業医並びに会社人事部に送られることに対して、アメリカ人社員は強い抵抗感を示す。プライバシーの侵害であるということは前にも述べた。日本の労働安全衛生法は、個人の自由を尊重していないと彼らは言う。

個人の自由にこだわるアメリカだからこそ、最初に会社と交わす雇用契約は重要だ。それ以降の労務管理にあっても、何を会社と約束したかという確認が大切となる。十分に説明をして、相手の理解を確認した上で、文書による最終確認を行うことが、労務管理の基本である。この基本的な労務管理に慣れない日本人マネージャーは多い。問題が発生してから、「あの時、こう言ったはずだ」「いや、そんなことは聞いていない」という水掛け論の繰り返しとなるトラブル事例はあとをたたない。

文書による最終確認を行うことは、彼らにとっては、自分の業務を会社の要求に沿って正確に遂行するために不可欠のプロセスであり、日本人マネージャーがこの不可欠なプロセスをないがしろにすることは、自分がどのように働けば会社（上司）が的確に評価してくれる、という期待を裏切っているということになる。

個人の自由を尊重し、個人の意識が強いアメリカ人社員との個別合意の形成はかように重要であり、時間がかかる。

中国での人事労務管理

前項でアメリカに進出して、アメリカ人の雇用についても論じたが、中国についてはどうだろうか？　日系企業が日本で成功している人事労務管理手法が、中国でも活用できるか、という検証もせずに、そのまま持ち込んではならない。日本企業だから日本型のマネジメントスタイルを持ち込むという

のは、相手のことを考えずに自分のやり方を押しつけようとする姿勢にほかならない。「郷に入っては郷に従え」と言うが、まずは進出国の国民性を把握し、それに則した管理手法を採用することが大事である。

マネジメントスタイルとは、あくまでも会社を成功に導くための手段であり、手段とはしょせんは便法でしかなく、会社のヴィジョンとかミッションという、どの進出国でもその会社としてこだわらなければならない会社の基本理念とは別のものである。自社の製品を海外で売り込むときには、その国の事情を事前に調査する。

日本でのユニクロは、「安くて良いもの」だが、中国でのユニクロは、「高級ブランド」である。日本でも中国でもユニクロはよく売れている。中国でユニクロは「安さ」にこだわる必要はない。

会社のマネジメントスタイルは、その会社のヴィジョンやミッションと切り離して論ずることはできない。その会社のヴィジョンやミッションからマネジメントスタイルはつくられる。しかし、そうであっても成功するマネジメントスタイルが唯一のものしか存在しないという論理は成立しない。日本国内でも、ヴィジョンやミッションは変えないが、人事制度の見直しなどは随時行われるのだから、海外進出に際して、その進出国に適したマネジメントスタイルを考えることは特段不合理なことではない。国が異なれば、その会社で働く社員は日本人ではなく外国人なのだから、日本人を前提に成立し成功してきたマネジメントスタイルが、海外で成功するとは限らない。その国にあったマネジメントスタイルを模索する、これが「郷に入っては郷に従え」ということである。

本書で、日系企業で働いたことのある中国人の内のわずか７％しか「再び日系企業で働きたいとは思わない」という事例を紹介した。彼らが日系企業で働いて良かったということもある。それらは、「約束した給与額を、約束した給与支給日に全額支払ってくれる」「国が定めた社会保険（中国では住宅積立を含めると６種類の社会保険の加入義務があり、そのいずれも会社の負担が求められている）に正しく加入させてくれる」という点であるという。

いずれも、日本企業からすれば、当然のことではあるが、これらが中国人

からは高く評価されている。逆に言えば、中国での民間企業では給与額全額を給与支給日に支払わないことや、社会保険に加入しないことも珍しくはない。これも「郷に入っては郷に従え」の理屈で、日系企業も地場企業並みにもう少し適当にやっても良いのだろうか。これらについては、いずれも中国労働法で定められている事項であれば、いくら地場企業がいい加減にやっているからといって、彼らを見習うのは好ましくはない。中国の法律は厳格に遵守すべきである。

　ちなみに、中国の労働法は、胡錦濤政権の元で急速に整備されてきた。日本や欧米に並ぶ労働法の体系ができあがりつつある。

1．解雇の規制強化が行われ、経済補償金の2倍に相当する解雇賠償金の支払いが義務付けられるようになった。
2．今も労働契約の主流である固定の労働契約（有期雇用契約）から無固定の労働契約（いわゆる期限の定めのない雇用）への切り替えの奨励義務の厳格化。
3．雇用止めの場合の経済補償金支払いの義務化。
4．就業規則の策定や改定時における工会（日本で言う労働組合だが、共産党国家にあっては資本家と対立する労働組合の存在自体を認めることが論理的に矛盾するため、労働組合という概念はない）の意見聴取の義務化。

など労働者保護の観点からの法の制定や改定が進められた。コンプライアンス（法令順守）については、日系企業は自分たちが外国企業であることを十分にわきまえて、徹底すること、これがリスクマネジメント上必須である。

人事考課規定は文書化する

　中国において、日系企業の就職希望者を増やしていくには、どのような対策が必要なのだろうか。

　中国人は社内や社外の他人の給与情報を入手し、自分の給与と比較し、自分の給与が低い場合は、会社に給与の引き上げ交渉してくる。給与の引き上げ交渉が上手くいかない場合は、会社を退職する。このような現状については、会社は会社の決定した給与額が公正かつ公平であるという理論武装を固

めることで対応する。

　会社が社員個人に支払っている給与は会社の考える公正な金額であることを立証する。中国では日本のように入社した後、社内の配置転換によりいろいろな職種を経験しながら会社でのキャリアを形成するというようなことは行われていない。欧米と同様、営業なら営業という職種別の労働市場が形成されている。

　したがって、日系企業の所在地における職種別労働市場の調査は不可欠である。なにも常にその調査結果を上回る賃金を保障する必要はない。会社として、たとえば、優秀な社員にはわが社の所属する産業の職種別労働市場の上位4分の1以上の給与水準を保障するのが当社の給与理念であると定め、この方針を社内に公表しておけばよい。わが社の給与の考え方は、平均的な評価の社員に対しては、少なくとも、わが社と競争関係にある同業他社とで形成される労働市場における、平均的な給与水準を約束するという会社の方針でもかまわない。要は、会社が"公正"であると信ずる給与についての方針を確立して、これを社内に周知することが必要である。また、職種別労働市場の賃金水準は、これを専門に調査するコンサルティング会社が存在するので、調査を依頼することもできるし、また、同業他社間である程度の賃金データを交換することも可能なはずである。

　次に、給与額の公平性の検証だ。公平の検証とは、たとえば、社内で全く同じ仕事をしているAとBの2人がいる場合、Aの給与がBの給与よりも低いことを会社として立証するということになる。このためには、給与額の見直しのもととなる人事考課制度が不可欠となる。人事考課制度の内、特に目標管理制度（MBO = Management By Objectives）が不可欠となる。期初に、期中に実現すべき目標を設定し、その実績に応じて給与額を見直すというやり方となる。先ほどの例でいえば、同じ職種であっても、Aの目標の達成状況が70％程度であるのに対して、Bの達成状況がほぼ100％であれば、Aの給与がBの給与を下回っていることは、会社としては十分に公平な措置である。Aがこの結果に不満があるのであれば、次の期にAは与えられた目標を100％達成すれば良いということになる。

このMBOの前提となるのが、職務記述書である。これは、AやBの担当する職務がどのような職務であるかが具体的に記述され、その職務は会社全体の中でどのように位置づけられるのか、その職務の会社における重要度が規定される。どのような職務であるかが具体的に記述されることで、その職務を遂行するための必要な専門知識や技能、能力といった職務の遂行要件が規定される。遂行要件が明確になれば、たとえば、採用の際の選考基準として活用もでき、その職務でのより高い成績を収めさせるための教育研修の材料ともなる。また、一般社員をマネージャーに登用する場合などは、マネージャーの職務記述書があり、マネージャーとしてのその会社での遂行要件が明確になっていれば、昇格を決定するための判定会議でも活用できる。もちろん、上の職務を目指す社員にとっては、目指すべきポストの職務記述書が公開されていれば、自分のどういう点を改善すべきか、伸ばしていくべきか等々の自己啓発の材料としても使える。

　職務記述書にしろ、MBOにしろ、これらを整備して文書化することが重要となる。この文書を会社と社員が共有することが、社員の不平不満の解消につながる。文書化し、公開できるものは社内ですべての社員に公開しておく。

　中国人の日系企業に対する不満の上位には、「何をすれば給与が上がるのかがよく分からない」「どうすれば昇格できるのか明確ではない」「自分の仕事をどうすれば高く評価してくれるのか、よく分からない」「日本人の上司が自分に何を望んでいるのかよく分からない」等である。

　日本人と違い、アメリカ人も中国人も、自らの権利意識が強い国民である。権利意識の強い彼らに対して、会社として臨むべき方針に沿って働いてもらうには、会社が何を求めているかを文書で明示することが不可欠である。そして、この文書化することは、日本人のマネジメントでは実に不得手である。日本企業には、稟議システムであり、そこには膨大な文書が作成されてはいるが、何かを明確に規定し文書化するという作業はあまり行われていないように思う

　既述した中国における労働法の改正の結果、今まで以上に中国では労務管

理面での契約概念の重要性が高まっている。日本はまだまだ契約概念が薄い社会である。契約書はできるだけ簡単に済ませ、あとは、お互いの信頼で補うことで、相互の関係を構築してきた。このほうが融通もきくし、変幻自在に対応もできる。

　しかし、日本では雇用契約書に書いていない事態が生じた場合は、社員は会社の指示命令に従うという前提で成立しなければならない。これでは、アメリカや中国でも成立はしない。成立させるには、「契約書記載以外の事態が生じた場合、社員は会社の指示に従う」という契約書の記載が必要となる。

第16章
雇用契約書の内容

外国人には"従事する業務"の内容を文書化する

　日本企業が海外に進出してその国の人々を採用するときに、あるいは日本企業が国内で外国人を採用する時に、必ず用意しなければならないのは、雇用契約書である。雇用契約書には、給料や労働時間、休暇など、社員にとって大事な労働条件が記載されている。雇用契約書に記述するこれらの条件は会社にとっても重要な項目であるが、外国人を採用する際に会社にとって特に重要な項目は"従事する業務"である。

　労働基準法第15条では、会社と個人の間で雇用契約を締結する際に、重要な労働条件は文書で明示することを定めている。「従事すべき業務に関する事項」は、この労基法第15条で規定される文書で明示すべき重要な労働条件の中に含まれている。しかし、実態をみれば、概して社員を雇い入れる際に、この「従事する業務」については、たとえば単に「営業職」であるとか「経理の業務」というような抽象的な記載に終始しているものが多い。厚生労働省の通達を見ても、「従事すべき業務に関する事項」については、「雇い入れ直後の従事すべき業務について記載すればことたりるが、将来の従事させる業務を併せ網羅的（傍点筆者）に記載することはさしつかえない」とされており、企業は網羅的→抽象的に、社員が従事する業務を記載するに留め、「これで良し」としているように思える。

　これは、特に大手日本企業が日本人社員を採用する場合は、新卒者であることが多く、彼らをとりあえずは入社させ、社内での配置転換を繰り返しながら育成していくという日本特有の雇用関係に深い関連がある。ところが外国人社員を採用する場合は、専門職の中途採用である場合が多い。また、外国人社員を新卒採用する場合も、日本人の新卒者のように会社に"入社"す

る意識ではない。この会社でこんな仕事をするという、"就社"ではなく文字通りの"就職"であるケースがほとんどである。

社員個人の仕事の内容を定義する

　外国人社員に関してのみならず、日本人社員も自らのやるべき仕事を十分に理解し、その仕事によってはその時々の環境変化への対応しなければならない。社員各自が自律的な働き方を実現すれば、会社にとっても、働く社員にとってもよいことだろうと思うのだが、現実は、なかなかそのような働き方をしている会社は少ない。

　外国人社員は、「自分の仕事」を明確に定義することを要求する。そのうえで、「上司の細かい指示命令は極力排除し、自分が主体的、自律的に働くこと」を望んでいる。それが実現されないことが分ると、その会社を去っていく。

　外資系企業では社員を採用するに当たり、まずその社員が担当する職務については、職務記述書をもって明確にしている。日本企業でよく見られる「営業」とか「経理」というような、抽象的かつ簡単な記載で終わらせる事例はほとんどない。

　営業職であれば、入社後3か月程度は試用期間でもあり、営業目標は負わせず、その期間は会社に慣れること、具体的には、自分の担当するテリトリーを熟知し既存の顧客を知り、わが社の製品・サービスに対する知識を身につけ、標準的な提案書書式や契約書書式を学ばせる。また、営業成績を記録するための社内システムや社内伝票の記載方法などを学ばせる。

　試用期間後は、入社年度末までの営業目標も具体的に示される。売上高、新規先の受注数、新規への提案書の提出件数や、月間あるいは毎日の訪問件数などが目標値として示される。

　経理であれば、入社後その社員が担当する経理業務が具体的に記載される。たとえば、日々の元帳の起票に始まり、税務申告書や決算書の作成、月次の試算表の作成、年度予算の策定といった、あらかじめ確定できる業務はもちろんのこと、経営会議で随時必要とされる計数のとりまとめ、与信先の

管理と与信先の信用状態に応じた債権保護のための業務というような、その会社の経理としてやるべき業務である。

　実際に職務記述書を作成してみると、一人一人の仕事を漏れなく定義することは結構難しい。また、職務記述書の記載漏れを理由に、「職務記述書などを作成してしまうと、自分の職務記述書には書かれていないことを理由に、命じられた仕事を断る社員がでてくる」と言って、職務記述書の作成に反対する経営者も多い。そのような考え方に対しては、「社員の一人一人が会社に対して、どのような責任を担うかをはっきりさせるのが職務記述書である。会社の変化に応じて職務記述書を変更してもかまわないし、起こりうる変化を想定してそれを職務記述書に盛り込むべきである」と提言する。

　グローバル人事は、一人一人の仕事を定義することが出発点となる。これを怠ってはならない。厚生労働省通達にある「雇い入れ直後の従事すべき業務について記載すればことたりるが、将来の従事させる業務、出向や業務は検討を併せ網羅的（傍点筆者）に記載することはさしつかえない」という表現は、日本の常識であるかもしれないが、海外では非常識である。

フェアとフェアネス

　私のファームのクライアントである外国企業の外国人社長や外国人人事部長に様々な労務問題に対する解決方法を提案すると、「その解決方法は確かにフェアなものですね」と確認をされることが多い。

　日本企業が海外進出をする際や、外国人社員を雇い入れる際に、この"フェア"という言葉は、常に念頭に置くべきキーワードになる。グローバル人事では"フェア"や"フェアネス"という思想は欠かすことができない。

　労務管理に際して、フェアかフェアでないかを常に考えるという根底には、会社と社員の関係の基本は、両者が対等の雇用という契約の当事者であるという認識があるからだ。契約という当事者間の約束が成立すれば、その内容を契約の当事者は遵守しなければならない。要は契約という約束事に背いた行動を相手方に取ることは許されない。いったん契約が成立すれば、自らの行動も、相手方の行動も、その契約内容に規制される。契約当事者間に

契約内容という制約を課すことができるのも、契約の成立に際して、お互いに対等の立場にたって、自らの意思に基づいてその契約を成立させるからである。だからこそ、会社が労務管理上何らかの意思決定を行う際に、社員を雇用契約の対等な一方の当事者として考え、その決定が会社にとっても社員にとってもフェアなものであるかをまず考えるということになる。

先日、ある日本企業の人事部長が、「わが社ではコンプライアンスを常に最優先としているので、あなたが言われるようなフェアネスについての心配はない」と力強く言われた。しかし、法令遵守を説くコンプライアンスとフェアネスは残念ながら必ずしも常に一致するものではない。法の規制は、それを遵守してさえいれば常にフェアな労務管理を自動的に成立させるようなものではない。

法を遵守していても、フェアではない労務管理が成り立つ可能性はある。法は社会の紛争や混乱を回避し、その社会の構成員が安心して生活することができるように、多大な時間を費やし、人知を尽くして成立していくものだが、それだけの労力をかけたとしても、しょせん法とは完全なものではない。だからこそ、冒頭に掲げた外国人コンサルタントや外国人経営者たちは、コンプライアンスだけでなく、フェアネスをチェックするのである。

日本になぜ"フェア"が根付かないのか

日本ではここにきて、労働者派遣法、労働契約法、高齢者雇用安定法と各種労働法の改正が相次いでいる。

これら各種労働法の改正内容の詳しい説明は省くとして、これらの法改正を総括すれば、派遣法改正は派遣労働者が弱者だから、これを守るために派遣労働者の立場を強くしようという意図がある。労働契約法は正社員にくらべると、契約社員は立場が弱いのだから、契約社員を守ろうという意図がある。高齢者雇用安定法は、60歳で定年退職した人たちの雇用を65歳まで確保しようというもので、これも弱者保護の意図がある。

もっとも高年齢雇用安定法の改正には、厚生年金の財政悪化に備えて、厚生年金の受給開始年齢を現行の60歳から65歳に引き上げる決定を行ってお

り、これによって、会社を60歳で定年退職した労働者が、給与ももらえず、年金ももらえない状況を何とか回避するために、そのツケを企業に押し付けたという側面がある。共通点は派遣社員、契約社員、定年退職者を弱者と位置づけ、彼らを守るために法を改正するというものだ。

　さて派遣社員、契約社員は、果たして法で守らなければならない弱者だろうか。国はこれら労働法の改正の前提として、リーマンショック以降、非正規従業員の増加が顕著であることを挙げて、非正規労働者を保護しなければならないという。しかしながら、リーマンショック以降、会社が正規社員ではなく非正規社員の増加に頼るのは、今の日本の先行き不透明な経済を見通してのことである。原発にしろ、TPPにしろ、重要な懸案事項を政治が先送りにするため、それぞれの企業単位では自らの中長期的展望ができない。そういう環境下で、現在の正社員の雇用を守るために、新たな労働力調達を非正規労働者に依存するのは、合理的な判断である。これら非正規労働者を法で保護しようとしても、これにより非正規の労働力のコストが増加するのであれば、企業は別の合理的な解決方法を探し出さなければならない。「繁忙期を乗り切るために派遣社員をお願いしていたが、今後はそんな時であっても雇用しない」、「契約社員には5年以上の労働契約更新は行わず、必ず辞めてもらう」という企業もではじめている。企業の合理性に配慮せず、目先の法改正を行えば、企業はあくまでも自らできる方法で合理性を追求する。

定義された会社と社員との約束ごと

　ここまで、グローバル人事の出発点として、社員一人一人の仕事を明確に定義することが必要であると説いた。また、日本企業では一般にはあまり重視されていないように思える職務記述書を作成することを述べた。

　経営者の中には、「外国人は権利意識が強く、自己中心的であり、日本人のように会社のことを考えて行動したりはしないので、職務記述書などを作れば、彼らは職務記述書に書かれた以外の仕事はせず、結局は会社が自分で自分の首を絞めているようなものだ」として、職務記述書は必要ないという。

繰り返すが、本来雇用契約は、対等な立場の当事者間の合意、約束事である。そうであれば、雇用契約の結果、会社で働き出す社員がどんな仕事をするのかを定義づけることはフェアである。
　職務記述書には、仕事の定義はできるだけ具体的に記載することが望ましいが、それらはあくまでも例示列挙であり、それだけをすればよいというのではない。さらに具体的職務を例示列挙した後で、その人の仕事は、会社全体の機能の中でどのような責任を負っているかを忘れずに定義しておけば、列挙した具体的事例以外にもその社員がやらなければならない仕事はおのずと明らかになる。
　たとえば、人事部門の教育研修の仕事に、「新卒新人研修の企画と運営、新任管理職研修の企画と運営」といった具体的業務を列挙するとともに、上記以外の「社員の能力開発、人材育成のため研修の企画と運営」という表現を加えることで、会社の状況に応じて適切な研修計画が立案されたり実施されたりする。要は書き方の工夫である。
　社員個人の仕事の定義が終われば、次は、その年度の会社の事業計画に沿い、単年度の業務目標を設定することになる。業務目標の設定とは、会社と社員間で、その年度に具体的に何をするのかを約束をすることである。目標が達成できれば、社員は会社との約束を守ったことになるから、それに対する評価をしなければならない。それが、ボーナスとして報いたり、昇給や昇格につながったりする。目標を達成できなければ、その社員は会社との約束を守れなかったことになるから、何らかのペナルティーも覚悟しなければならない。
　ただし、社員個人の努力とは関係のない社会環境の変化や会社や取引先の変化によって目標が達成できなかったということになれば、それはその社員と会社の約束の前提条件の変化であるとして考慮されなければならない。もっとも、業務目標を上手にマネジメントする管理職は、そのような業務目標の前提となる諸条件に変化があれば、ただちにそれを勘案したうえで新しく修正した目標を策定するので、年度の終了する際に、目標達成できなかった理由として、自分の力の及ばない前提条件の変化を主張することはできな

い。相手の立場を尊重し、相手との約束を大切にしようとする思いがあれば、こういうきめ細かい対応は、マネジメントに当然に求められる。

　仕事が定義できれば、その仕事を全うするために必要な能力や知識、経験を明らかにすることができる。それぞれの仕事に必要な能力、知識、経験が明らかになれば、その仕事を実際に担当する個人の能力、知識、経験と比較することで、社員の能力開発の具体的な方向性がはっきりとする。

　能力開発については、会社が社外研修、社内研修やＯＪＴなどを通じてその機会を社員に提供しなければならないが、与えられた機会を利用して、自らが不足している能力、知識、経験を積むのは個人の研さんにかかっている。一定期間に会社がその仕事を担当するために必要と思われる能力、知識、経験を積むことができない社員は、会社との約束違反を問われ、それ以外のその社員に適した職務に配置転換させたり、最悪はその職務を退いてもらうことになる。

終章
グローバルカンパニーへの道

外国人社員の活用と日本人社員のグローバル化

　最近、中国や韓国の経済の発展には目覚ましいものがある。ニューヨークなどへ行くと、飛行場のラウンジやホテルのロビーで見かける中国や韓国からきたビジネスマンが随分と増えたと実感する。訪問先の受付で案内を待っていると、右隣りには韓国人、左には中国人ということも珍しくなくなった。

　下表は1956年から2011年までの日本の経済成長の推移である。

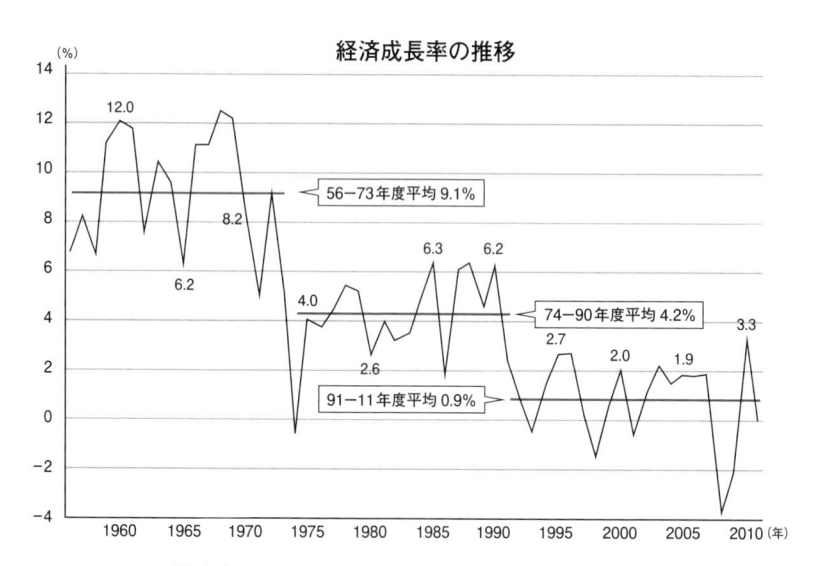

経済成長率の推移

(注) 年度ベース。93SNA連鎖方式推計。平均は各年度数値の単純平均。1980年度以前は「平成12年版国民経済計算年報」（63SNベース）、1980〜94年度は（平成21年度確報）による。それ以降は、2012年7−9月期1次速報値〈2012年11月12日公表〉
(資料) 内閣府SNAサイト

かつての日本企業は、先を走っている欧米企業のうしろ姿を必死になって追いかけた。日本企業の先輩たちが20世紀なかば、文字通り"廃墟"の中から血のにじむような努力を積み重ねた結果、欧米企業との差を短期間にちぢめ追いついた。その勢いがあまりにも力強かったため、日本が欧米を追い抜き、世界の先頭を走るのではないかと言われた時代もあった。

エズラ・ヴォーゲルの『ジャパン・アズ・ナンバーワン』が世界的なベストセラーとなったのは、ちょうどその頃（1980年）だったという記憶がある。三菱地所がニューヨークのロックフェラーセンターを買収し、アメリカを中心に日本脅威論が巻き起こったのもその時代である。

それが一転した。1989年の消費税導入、翌年の旧大蔵省による不動産への過熱投資の鎮静化を狙った総量規制の実施、日銀の金融緩和から引き締めへの転換の結果、バブルが弾けた。そして、景気の下降局面を迎え、制御することに失敗した。景気の下降をある程度の水準に留め、景気を再浮揚させることができなかった。小さな波はあるものの、失われた20年と呼ばれる長期の景気の停滞局面を迎え、今日に至っている。

日本経済は、今でもかろうじてアメリカ企業や一部のヨーロッパ企業、はたまた中国、韓国などの新興企業と同じ先頭集団に位置している。同じ先頭集団にいる韓国企業や中国企業は、国の強力な後押しがある。アメリカは、4年間、1人の大統領に率いられる、という政治の安定がある。

日本企業の活力になり得る人材は？

今後、日本企業は、海外企業との競争がますます厳しくなることを考えれば、喫緊の課題として、グローバルな市場で海外の有力企業に伍していける実力を備えた人財、グローバル人財の育成をしなければならない。

グローバル人財を生み出すには、優秀な外国人社員を採用し、より高いレベルに育成して、彼らに活躍の機会を与えることである。

しかし、現在の日本企業は他の海外企業にくらべて、優秀な外国人を惹きつけるものに乏しい。優秀な外国人は欧米のグローバル企業を目指してしまう。

日本企業が苦労してやっとの思いで採用した優秀な外国人社員も、割と短期間で退職することが多い。最近、日本企業は優秀な若手外国人社員の本社採用を開始しているが、成功しているという事例はほとんど聞かない。ほとんどの企業は、外国人社員の本社採用に着手したばかりで、試行錯誤を繰り返している。

　海外にあっては、日系企業で働いたことのある現地社員の9割近くが、次は日系企業ではなく欧米系企業で働きたいという状況があいかわらず続いている。唯一の例外は、日本語に堪能な中国人社員である。彼らは、日本語は堪能だが英語には自信のないことが珍しくなく、欧米企業で働くという選択肢はない。しかし、彼らも一つの日本企業に長く働き続けるのではなく、短期間に他の日本企業に転職していくことが多い。また、将来は日本相手のビジネスに携わりたい、そのための経験を積むために日本企業で働いているという中国人も多い。

　いずれにしろ、優秀な外国人社員を採用・育成し、企業の中核に据えていくという人事戦略は機能していない。そればかりか、相変わらず、会社の経営を担うような人財は日本人にかぎり、外国人社員はあくまでも補佐役であるとしている会社が多い。もっと多いのは、人財のポートフォリオについての明確な意識もないまま、漫然と従来の人事の仕組みを温存している企業である。

　優秀な外国人社員は日本企業に長く居つかない。これを日本人にくらべると外国人は、「辛抱が足りない」、「会社に対するロイヤリティが低い」と分析する人が多いが、このような分析はしょせん無責任な評論であり、問題の解決にはつながらない。

グローバル人材のための人事労務

　優秀な外国人社員を引きつけ、定着させて、実力を十分に引き出す人事労務の原則を次に挙げてみる。

1．個別合意に基づく人事労務の実践

　人事労務の仕組みである人事制度を支えるには、社員個人の担当する仕

事、その年度の目標、その人の働き振りなどについての会社の考え方を説明し、社員の理解を得ることから始めなければならない。個別の合意なくしてグローバル人財のための労務管理は実践できない。

たとえば、配置転換。就業規則を見ると、異動などの配置転換を会社の指示命令と明記し、正当な理由なくして社員はこれを拒むことができないとしている。労働判例でも、企業に対しては雇用を守ることを最優先させるとしている一方で、広範囲の配置転換の指示命令権限を認めている。会社は、配置転換を実施する前に、対象となる社員の合意を取り付ける、あるいは事前に広く社員の希望を取り寄せ、そこから配置転換の候補者を選び出すというような労務管理が望まれる。

２．契約概念の徹底

前述の「個別合意」を支えるのが契約という概念であるが、日本では雇用を契約として捉えるという海外では当然のことがいまだに定着していない。

日本には、雇用を契約として定義づけた民法を実務上補完する労働基準法に代表される労働法各法が存在する。この労働基準法などの労働法や労働裁判で蓄積された判例により、契約の基本理念である契約当事者間の対等原則が崩れ、労働者は相対的弱者として位置づけられ、保護されるべき存在となっている。

今の日本の企業と労働者との関係は、労働者保護にかたよりすぎてはいないか、その結果として、雇用の大原則である契約概念が、労務管理ではかなり希薄になっているように思える。

そもそも、日本の労働基準法では、雇用契約書の作成は義務付けていない。雇用契約は民法によれば諾成契約であり要式行為は不要である。すなわち口頭でも成立し、会社が一方的に作成する書面「労働条件通知書」（労基法第15条）を会社が労働者に手交すればことたりる。日本では、雇用契約書を作成するということすら会社に義務付けていない。

日本企業の人事部は、たとえば外国人の幹部社員を本社で採用するという前提で、雇用契約書の作成に挑戦してみたらどうか。これだけでも、雇用契約の締結に際しては、会社は採用予定者と事前にどのようなことを協議しな

ければならないかということが分かる。労基法第15条の規定を遵守しているだけでは、優秀な外国人が納得して入社する雇用契約書は作成できない。

3．就業規則を網羅した社員ハンドブックの作成

グローバル企業では、社員ハンドブックとか社員ガイドラインと称される労働条件や福利厚生、また、その企業のミッションや方向性に則して正しく働くための指針などを盛り込んだ冊子を用意するところが多い。

社員ハンドブックは、日本の労働基準法（第89条）が要求する就業規則と多くの内容が重複しているため、日本本社が外国人社員を雇用する場合、就業規則を英訳して外国人社員の労務管理に対応させようとしている。私の人事コンサルティングファームでも１年以上を要して、ある大手企業の何十という付随規定を含む就業規則集の英文化を終了した。

就業規則のような会社にとっても社員にとっても重要な文書の英訳は、外国人社員の受け入れでは必要な作業である。しかし、外国人社員に、不慣れな日本の会社で不安を抱くことなく働いてもらうには、就業規則集の英訳だけでは不十分である。

就業規則のほかに重要な内容を盛り込んだ、社員ハンドブックの作成は必須である。ハンドブックは、外国人社員が困ったときの救済方法が書かれているものである。

4．経営幹部候補者の早期選抜と幹部育成計画の実践

企業は２割の優秀な社員が引っ張っていると言われる。今までの日本企業の人事は、新卒を横一列で並べ、お互いに競争させながら徐々に経営幹部を絞り込んでいく人材選抜方法がとられていた。この方式には利点も多いが、経営幹部となるまでには長い時間がかかるという致命的な欠陥がある。

海外企業の経営幹部は、最初から幹部候補生としてもっと短期間に育成される。待ち時間が長いよりも短いほうが合理的という判断だろう。ましてや長く待ったからといって、その会社の幹部となることを約束されているわけでもない。また、若いうちにある会社の幹部となり、万一不幸にして失敗したとしても、ほかの会社で幹部として迎えられるチャンスもある。こういう状況を考えれば、じっくり時間をかけて選抜される日本企業にとどまりたい

と考える外国人社員はいないだろう。

　まず、若手社員からハイポテンシャルといわれる優秀層を選抜し、彼らを幹部候補生として育成、その中から経営幹部を登用する人材育成システムの策定は、優秀な外国人社員の活用には不可欠である。

　5．海外の人材も含めた人材のデータベースの整備

　海外の現地法人に優秀な外国人社員がいるが、その人事情報は本社で把握できていないかもしれない。日本企業は海外拠点も含めた人材の確認をまずするべきだろう。

　なにも、全社員の名寄せから始めろということではなく、先ほどの「会社は優秀なトップ2割が率いる」という原則を考えれば、一定のランク以上の幹部社員と前述のハイポテンシャルに位置づけられる幹部社員候補者のデータベースを構築することから始めるべきである。

　6．グローバルに共通のグレード制度の導入

　前述の5．にも関連するが、海外拠点も含めた少なくともマネージャー以上については、それぞれの階層別に共通の役割定義と能力定義を持つグレード制度を早急に導入すべきである。

　役割と能力の要件が明確にならなければ、人材の登用も育成も会社の意図をもって進めることはできない。

　多くの日本企業は、職務等級要件はすでに持っている。これが外国人社員をグローバル人材として活用するに耐えられる体系であるかどうか、という観点で一度見直し、必要であれば修正を加えることで十分対応できるように思う。

　ただし、既存の職務等級を無批判にそのまま導入することはやめるべきである。日本独自の人事制度であるという認識を持ち、それがグローバルに通用するのかという観点でレビューすることを怠ってはならない。

日本人社員をグローバル人材に育成する

　日本企業がグローバルな市場で活躍するにあたり、その企業を引っ張っていくのが、外国人社員であるよりも日本人社員であることを望むことは否め

ない。そんな話をしたら、「島国根性が染みついている」と友人のユダヤ人に言われた。要は、優秀な外国人社員と正々堂々と戦うことのできる日本人社員を育成することである。外国人社員を不当に差別して、日本人社員にチャンスを与えるというのではない。

　そのためには、今の日本的な人事労務管理を根底から見直す必要がある。要は、日本人社員も外国人社員と同じ人事労務管理の土俵に乗せることから始めればよい。それは、新卒採用後５年から10年程度の経験者からハイポテンシャルを選抜して、育成していくことから始める。帰国子女や留学経験者であれば、語学というハンディキャップもないので３年から５年程度の期間でハイポテンシャルの選抜を行ってもよい。帰国子女や留学経験者が有利だと指摘される向きもあろうが、このような社員の特徴に着目した人事労務という発想が、グローバル人材の育成には不可欠である。

　その上で、日本型の人事労務管理の概念からぜひとも抜け出なければならないものがある。それは日本型人事の美点として、今でも経営学者らが主張する雇用の安定である。終身雇用という考え方はもはや通用しないが、長期的安定的雇用機会の提供はいまだに日本型人事労務の特徴であり、これを守ることを是とする考え方は大きい。

　私は、何も企業が簡単に社員解雇できることを認めろ、というのではない。労働者は相対的に弱者であるので、保護されるべきであるということは首肯する。
　しかしながら、雇用を守るということで、本来であれば優秀な人材が、その会社では埋もれてしまっているのではないだろうか？
　先日、取引先の社長からこんな話を聞いた。この日本企業は、10年ほど前に創業、５年で新興市場に上場し、今はその上の証券市場への変更にチャレンジしている。これまでは実力主義に徹し、若手でも優秀な社員は抜擢する反面、成績不振が続くとその社員には社長自ら面接し、その多くは合意のもとで会社を辞めていった。
　その社長が、「社員数も増えてきた、成績の悪い社員の割合はそれほど変

わらないので、成績の悪い社員の数も増えてきた。そろそろ社内で彼らの受け皿のような部門あるいは関連会社の設立も考えないといけない」ということであった。

私と意見が反する専門家は、この企業経営者の発言を、企業の発展の結果として肯定的にとらえるがそうは思えない。

前述したが、「企業の一生は人の一生よりも短い」とは、私が銀行員時代の上司からの言葉である。その頃は銀行だけをとってみても第一勧業、富士、住友、三菱、三和、三井、東京、大和、太陽神戸、東海、協和、埼玉、北海道拓殖の13の都市銀行と興銀、長銀、不動産銀の長期系銀行があった。現在の銀行と比較してほしい。社員の雇用を保障する企業の安定感は、実はこの程度なのだということを受け止める必要がある。

大事な人材として企業が受け入れる若者たちに対して、企業がすべきことは、雇用の保障ではなく、その企業での就労を通じて社員にどれだけの市場価値を身に付けさせることができるかという点ではないかと思う。

人の一生よりも短い企業が、「長期的安定的雇用保障を行う」といっても、それは不履行となる可能性を秘めている。そうであれば、「会社で一生懸命に働けば、これだけのことを学ぶことができる。会社で学んだことはほかでも十分に役立つ」という考え方で社員と接することが、働いてくれる社員に対しての誠意ではないだろうか。

要は、定年まで漫然と雇用を保障しているのだからそれで全て良しとするのではなく、新しい仕事を与えたり、新しい任務地に赴かせる都度、個別にその社員と合意を取り付け、その局面、局面での仕事に全力で取り組ませてほしい。「万一、会社があなたのことを評価せず、あなたが会社の評価に納得できないようなときは、辞めてもらっても結構だ。あなたは、わが社で一生懸命に働いた間に、十分ほかでも通用するバリューを身につけたのだから」——こんな人事労務を目指すことが、日本人社員をグローバル人材に育て上げるためには必要だと思う。

鈴木雅一（すずき・まさかず）
ピー・エム・ピー株式会社代表取締役・特定社会保険労務士
慶應大学経済学部を卒業（専攻は経済政策、恩師はカトカンで有名な加藤寛教授）。三菱銀行（現三菱東京UFJ銀行）に入社し、人事企画部門他を経験。その後、米国ケミカル銀行（現JPモルガン・チェース銀行）の日本支店の副社長として銀行と証券人事部門を統括。米国マイクロソフト社の日本法人であるマイクロソフト株式会社の人事部門と総務部門の統括責任者を経て、PMPを創業。
また、人事部長のネットワークSMCも運営、人事スペシャリストの研鑽の場を提供している。

ピー・エム・ピー株式会社（PMP）

1994年に人事労務を支援する人事のスペシャリスト集団として設立。以後20年にわたり、外国企業と日本企業双方に、グローバルな視点から人事労務のコンサルティング活動を行っている。
PMPグループの「PMP労務管理センター」では、外国企業を中心に人事事務のアウトソーシング業務を受託している。
http://www.pmp.co.jp/

アメリカ企業には就業規則がない
——グローバル人事「違い」のマネジメント

2013年9月10日　初版第1刷発行

著　者　鈴木雅一
監　修　ピー・エム・ピー株式会社
発行者　佐藤今朝夫
発行所　株式会社 国書刊行会
　　　　〒174-0056 東京都板橋区志村1-13-15
　　　　TEL 03(5970)7421　FAX 03(5970)7427
　　　　http://www.kokusho.co.jp
制　作　有限会社 章友社
組　版　西田久美（Katzen House）
印　刷　株式会社 エーヴィスシステムズ
製　本　株式会社 村上製本所

ISBN 978-4-336-05753-2